Besuchen Sie uns im Internet:

www.kirchenshop-online.de

Frank Maibaum, Jg. 1949, ist Diplom Pädagoge, Pfarrer und Autor von Büchern sowie Internetportalen. Er war lange Mitglied der Deutschen Gesellschaft für Verhaltenstherapie, Hochschullehrbeauftragter für die Gebiete Verhaltensbeobachtung und Gesprächsführung sowie Vorstandsmitglied des Westfälischen Verbandes für Kindergottesdienst. Weitere Titel von ihm unter: *www.kirchenshop-online.de*

Von Frank Maibaum sind folgende weitere Ratgeber erschienen:

Das Traubuch von Frank Maibaum und Verena Schmidt

Leicht verständlich werden dem Brautpaar Ablauf und Bedeutung der christlichen Hochzeit erklärt. Das Buch zeigt, wie das Paar sowie Freunde und Verwandte aktiv werden können: Vom Schmücken der Kirche bis zum Schlusssegen sind viele praktische Gestaltungshilfen enthalten. Ein Anhang bietet Trausprüche aus Bibel und Literatur. *»Eine Hochzeit mit diesem Traubuch gestaltet – und das Fest beginnt nicht erst nach der Kirche.« (WDR)*

Das Abschiedsbuch von Frank Maibaum
Trost erfahren – Trost spenden – die Trauerfeier gestalten

Das Buch wendet sich an Trauernde und an Menschen, die ihre eigene Sterblichkeit bedenken. Es begleitet Sterbende und unterstützt Hinterbliebene bei der schweren Aufgabe, eine Bestattungszeremonie zu planen. Der Ablauf einer Trauerfeier wird erklärt. Hinzu kommen Geschichten, Gedichte, Gebete, Bibelverse, Empfehlungen für Musik sowie eine Sammlung der beliebtesten Trauerüberschriften.

Das Taufbuch

von Frank Maibaum

Die christliche Taufe verstehen
und kreativ mitgestalten

J. F. Steinkopf Verlag

5. komplett überarbeitete
und erweiterteAuflage 2013

ISBN 978-3-7984-0825-8

Cover: Ruth Freytag, Lüneburg
Titelfoto: © Daniela Eva Schneider – Fotolia.com
© J. F. Steinkopf Verlag, Kiel 2013

INHALT

EINLEITUNG

Dies ist ein Buch für Menschen, die sich in besonderer Weise für das Taufgeschehen interessieren. In seinen Formulierungen wendet es sich direkt an Eltern. Es ist aber ebenso für Paten und andere Mitglieder einer Taufgesellschaft geschrieben. Wer eine Taufe bewusst mitfeiern und vielleicht auch mitgestalten möchte, findet hier ausführliche Informationen sowie zahlreiche Lesetexte und Gestaltungsideen.

Die Textvorlagen sind als Anregung zu verstehen. Als Autor möchte ich damit Ihre Fantasie beflügeln. Es sind Beispiele dafür, wie Sie Ihre eigenen Gefühle in Worte kleiden können. Gern dürfen Sie Texte unverändert übernehmen; doch oftmals bietet es sich an, sie zu kürzen oder zu ergänzen. Alle Texte können auch an einer anderen Stelle als der vorgeschlagenen gelesen werden. Aus den Wünschen für das Kind lassen sich z.b. schnell Zusagen oder Segenstexte formulieren und umgekehrt. Es ist wichtig, dass Sie (Eltern, Paten, Geschwister, Freunde) sich aktiv am Taufgeschehen beteiligen; aber die Möglichkeiten dazu sind natürlich begrenzt. Nur ein jeweils kleiner Teil der zahlreichen Ideen dieses Buches kann im Gottesdienst verwirklicht werden. Wählen Sie aus. Klären Sie im Taufgespräch/Vorbereitungsgespräch den Einsatz von Texten und Gestaltungselementen. Vorlagen, die keinen Platz in der kirchlichen Feier finden, können Sie vielleicht bei der anschließenden häuslichen Feier verwenden.

Die Kapitel dieses Buches orientieren sich am Ablauf christlicher Taufgottesdienste. Die evangelische und katholische Taufliturgie hat sich in den zurückliegenden Jahren so sehr angenähert, dass es sich anbietet, die Taufe beider Konfessionen in einem Buch gemeinsam zu behandeln. Es gibt keinen Unterschied in der Bedeutung dieses Sakraments. Die Taufe ist grundsätzlich christlich; sie ist nicht entweder katholisch oder evangelisch. Zwar wird sie in der evangelischen oder katholischen Kirche vollzogen; wechselt ein getaufter Christ aber die Konfession, so wird er nicht „umgetauft". Die Taufe ist das Sakrament der christlichen Einheit.

Ich möchte Ihnen Mut machen, beim christlichen Partner symbolische Handlungen und Bräuche abzuschauen, die in der eigenen Gemeinde vor Ort vielleicht nicht üblich sind. Das bereichert das Taufgeschehen und bricht überflüssige Grenzen zwischen den Kirchen auf. Es gibt, unabhängig von der jeweiligen Konfession, regionale Unterscheide, und auch einzelne Geistliche setzten verschiedene Schwerpunkte. Zudem macht es für den Ablauf einen Unterschied, ob die Taufe in einem speziellen Taufgottesdienst geschieht oder in die Sonntagsmesse eingebunden ist. Der in diesem Buch zugrunde liegende Ablauf eines Taufgottesdienstes bildet also nur eine „Hilfslinie", mittels derer Sie Ihre Tauffeier mit Ihren Geistlichen planen können.

Die Zelebranten der Taufe – seien es Priester, Pastoren, Pastorinnen, Pfarrer, Pfarrerinnen – werden in diesem Buch stets mit dem Sammelbegriff „Geistliche" bezeichnet. Der zumeist verwendete Plural „die Geistlichen" bezieht die Pfarrerinnen und Pastorinnen der evangelischen Kirche ein.

1. Vorbereitung – Ablauf Gestaltungsideen

Vorüberlegungen und langfristige Vorbereitungen

Die Bedeutung der Taufe

Mit der Taufe erbitten Sie Gottes Segen für Ihr Kind; doch die Taufe ist noch weit mehr. Sie legen Ihr Kind Gott so sehr ans Herz, dass eine unzerbrechliche, unwiderrufliche Verbindung zwischen Ihrem Kind und Gott entsteht. Das Leben des Kindes wird nie gottlos sein. Diese Einheit „Gott und einzelner Mensch" kann nicht stärker besiegelt werden als durch die Taufe. Man kann daher verstehen, dass manche „großen" Menschen der Weltgeschichte in tiefer Bedrängnis Kraft schöpften, indem sie sich ihre Taufe vergegenwärtigten. Martin Luther z.b. schob in Situationen der Enttäuschung seine Bücher beiseite. Darunter stand in großen Buchstaben auf dem Schreibtisch: „Ich bin getauft." Unsagbaren Mut, Kreativität und Kraft verlieh ihm diese Gewissheit.

Mit der Taufe dürfen Sie sicher sein: Gott wird Ihr Kind nie verlassen. Er wird es zwar nicht an „dunklen" Lebenssituationen vorbeiführen, aber es durch Freude und Leid begleiten. Am Beispiel dieser „göttlichen Liebe" lernen Sie, dass es auch für Sie nicht darum gehen kann, Ihren kleinen Liebling an allen Gefahren und Anfechtungen des Lebens vorbeizuführen. Wichtig ist, dass Sie in entscheidenden Momenten da sind, ihm ganz nah sind. Wenn Ihr Kind Enttäuschung erlebt, wenn es versagt, wenn es Verlust empfindet, wenn es Trauer und tiefe Traurigkeit bestehen muss, dann darf es nicht allein sein. Ebenso nicht, wenn es Höhepunkte erfährt, wenn es Siege erlebt und von Erfolgen berichten möchte. Einem Menschen in ergreifenden Momenten nahe zu sein ist die größte Leistung, die Liebende erbringen können. Es ist gleichsam der wichtigste Anteil, den Sie in Ihrer Erziehung leisten können. – Gleichzeitig schafft der Taufakt eine Verbindung mit allen anderen Getauften. Der Täufling wird aufgenommen in die Gemeinschaft der Getauften, in die „Gemeinschaft der Heiligen", wie es das alte apostolische Glaubensbekenntnis ausdrückt. Das getaufte Kind ist diesen Menschen aller Zeiten und aller Länder Schwester bzw. Bruder. Das ist nicht nur ein Privileg, das ist auch eine Verpflichtung.

Die Gemeinschaft der Getauften ist als Kirche organisiert. Also bewirkt die Taufe Kirchenmitgliedschaft. Sie ist ein amtlicher Akt und man erhält eine Urkunde darüber.

Ein Kind taufen zu lassen ist eine bedeutsame Entscheidung, denn die Taufe ist einmalig. Einmalig ist sie nicht nur, weil sie ein schönes, ergreifendes Ereignis ist, sondern weil sie nicht wiederholbar oder rückgängig zu machen ist. Sicherlich können Sie Ihr Kind wieder aus der Kirche abmelden und das Kind kann später die Kommunion oder Firmung oder Konfirmation verweigern – doch getauft bleibt es ein Leben lang. Gott kündigt seinen Bund nicht auf.

Taufe – wann und wo?

In den zurückliegenden Jahrhunderten wurden Kinder immer früher zur Taufe gebracht, schließlich schon am Tag nach der Geburt. Hinter dieser Eile stand einerseits die Angst, das Kind könne vor der Taufe sterben und stände dann als Heide vor Gott; andererseits glaubte man, der Teufel wolle ganz schnell seine Krallen nach dem Baby ausstrecken – dem wollte man zuvorkommen. So eng und ängstlich ist christlicher Glaube nicht mehr. Man kann den Worten im 1. Johannesbrief glauben: „Furcht ist nicht in der Liebe!" Heutzutage liegt der Tauftermin üblicherweise einige Wochen oder gar Monate nach der Geburt.

Ihr Terminkalender sowie die Termine der Pfarrgemeinde werden den Ausschlag für den Tauftermin geben. Freuen Sie sich auf das Tauffest und nehmen Sie sich auch für die inhaltliche Vorbereitung Zeit.

Wenn Sie sich für die Taufe Ihres Kindes entschieden haben, so sollte diese aber während des ersten Lebensjahres stattfinden. Ein Kind im zweiten und besonders im dritten Lebensjahr nimmt sehr aufmerksam wahr, was mit ihm geschieht. Es möchte nicht etwas über sich ergehen lassen, dessen Sinn es nicht versteht. Vielleicht wird es sogar trotzig und wehrt sich gegen die Taufzeremonie. Sollte Ihr Kind dieses Alter schon erreicht haben, so warten Sie doch noch länger, bis Sie mit ihm selbst über die Taufe sprechen können und es diese freiwillig und gern mitfeiert. Diese Achtung sollten Sie Ihrem kleinen Liebling entgegenbringen.

Falls Sie sich nicht für die sogenannte „Säuglingstaufe" entscheiden, sondern warten möchten (oder aus verschiedenen Gründen eine Taufe noch nicht möglich ist), so bieten die christlichen Kirchen zunächst die Möglichkeit einer „Kindersegnung" an. Die Taufe folgt dann zu einem späteren Zeitpunkt. Viele katholische Bistümer haben Informationsmaterial dazu erarbeitet; und in einigen evangelischen Landeskirchen ist diese besondere Form der Segnung (auch „Darbringung" genannt) fest in der Kirchenordnung verankert.

Es ist gut, wenn Sie Wünsche für den Zeitpunkt, den Ort und Rahmen des Taufgottesdienstes haben. Diese müssen Sie mit den Geistlichen der Gemeinde besprechen. Melden Sie sich dazu einige Wochen vor dem angepeilten Termin im Büro Ihrer Gemeinde oder direkt bei den Geistlichen.

Ausgefallene Anliegen wie der Wunsch nach einer Taufe im Freiluftballon, auf dem Berggipfel, auf den Zinnen eines edlen Schlosses, im Schnellboot oder auf dem Sportplatz des Lieblingsvereins finden bei den Geistlichen verständlicherweise kaum Gehör. Die Taufe bedeutet Aufnahme in die allgemeine christliche Gemeinschaft und in die konkrete Gemeinde. Sie gehört daher in den Gottesdienst der Pfarrkirche vor Ort. Ausnahmen bezüglich dieses Taufortes bedürfen einer guten Begründung, werden mit den Geistlichen der Heimatgemeinde besprochen und dürfen von diesen nur in seelsorglich begründeten Ausnahmefällen befürwortet werden.

Es gibt in jeder Gemeinde zahlreiche Möglichkeiten, der Taufe einen besonderen Rahmen zu geben. Fragen Sie z.B. nach einer Taufe in der

Osternacht, im Familiengottesdienst, in einem Kindergartengottesdienst oder während des Gemeindefestes. Manche Gemeinden veranstalten regelmäßig Tauffeste oder verlegen zu bestimmten Anlässen Taufen an den nächstliegenden Bach, zu dem dann die Gemeinde zieht. Gehören die Eltern oder große Teile der Taufgesellschaft unterschiedlichen Konfession an, so erwägen Sie doch auch, die Taufe in einem ökumenischen Gottesdienst zu feiern. Vielleicht finden Sie einen Termin, der in besonderer Weise musikalisch gestaltet wird, an dem z.b. der Kirchenchor, der Gospelchor oder Kinderchor singt. Erkundigen Sie sich vor Ort.

Auswahl der Paten

Die Paten begleiten als wichtige Bezugspersonen die Entwicklung des Kindes. Sie setzen sich für Rechte und Anliegen des Patenkindes ein. Im Vergleich zu den Eltern haben sie eine größere Distanz zu den Problemen, die im Erziehungsprozess auftreten; somit können sie bei Konflikten zwischen Eltern und Kind vermitteln. Sollten Eltern aus irgendwelchen Gründen ihrer Sorgfaltspflicht dem Kind gegenüber mal nicht nachkommen können, so stehen die Paten an der Seite des Kindes. Sie sorgen dafür, dass es mit seinen Erwartungen, Sorgen und Nöten nicht alleingelassen wird. Für diese anspruchsvolle Aufgabe benötigen die Paten das Vertrauen des Kindes und der Eltern gleichermaßen. Ohne gute Beziehung zur Familie und liebevolles Verhältnis zum Kind kann Patenschaft nicht gelingen.

Versprechen der Paten

Klären Sie in Ihrer Familie, welche Erwartungen an die Paten bestehen. Formulieren Sie mit den zukünftigen Paten gemeinsam eine Liste von „Verpflichtungen". Passen Sie das folgende Beispiel Ihren Vorstellungen an; ändern, kürzen, ergänzen Sie es im Gespräch mit den Paten. In schöner Form aufgeschrieben, gehören diese Versprechen ins Erinnerungsalbum:

Ich werde den Geburtstag bzw. den Namenstag meines Patenkindes nicht vergessen;
ich werde zu diesen Anlässen zu Besuch kommen oder mich zumindest melden und mit einem kleinen Geschenk ausdrücken, dass ich mein Patenkind gern habe.

Ich werde auch den Tauftag nicht vergessen;
ich werde mein Patenkind daran erinnern, dass es getauft ist.
Ich werde ihm verdeutlichen, dass Gott durch die Taufe einen engen
Bund mit ihm geschlossen hat.
Ich werde für mein Patenkind beten.
Ich werde die religiöse Erziehung unterstützen.
Ich werde den Kontakt zu Eltern und Patenkind aktiv aufrechterhalten.
Wenn mein Patenkind mich braucht, werde ich mir Zeit nehmen.
Ich werde ein geduldiger Zuhörer sein, wenn es von seinen Freuden und
Erfolgen oder auch Enttäuschungen und Sorgen berichtet.
Geheimnisse, die mir mein Patenkind mitteilt, werde ich vertraulich
behandeln.
Bei Konflikten zwischen Eltern und Kind werde ich vermitteln.
Ich werde die Bedürfnisse meines Patenkindes stets engagiert vertreten.
Wann immer nötig, werde ich Anwalt seiner Interessen sein.
Sollten die Eltern mal nicht in der Lage sein, sich um ihr Kind zu
kümmern, oder sollte ihnen etwas zustoßen, werde ich dafür sorgen,
dass es sich sicher und geborgen fühlen kann.

Mein Patenkind wird in mir stets einen guten Freund und verlässlichen
Partner finden.

Versprechen der Eltern

Patenschaft gelingt nur, wenn Eltern bereit sind, Paten bei ihren Aufgaben
zu unterstützen. Daher sollten auch die Paten Erwartungen äußern. Nach
dieser Vorlage können Eltern ihre Versprechen schriftlich festhalten:

Wir verstehen die Paten als Partner der Familie;
uns Eltern sind sie Beistand in allen Fragen der Erziehung;
unserem Kind sind sie Beistand bei allen Problemen.
Wir werden die Paten in ihrer Aufgabe unterstützen.
Wir werden regelmäßig über Fortschritte und Hemmnisse in der
Entwicklung unseres Kindes berichten.
Wir informieren die Paten offen über Freuden und Schwierigkeiten,
die im Erziehungsprozess auftreten.
Wir werden Konflikte, die wir mit unserem Kind haben, den Paten nicht
verheimlichen.

Konflikte, die wir in der Ehe oder Partnerschaft haben, belasten zugleich unser Kind;
daher werden wir auch darüber offen mit den Paten sprechen.
Wir sind bereit, von den Paten Anregungen und Kritik anzunehmen.
Wir sind dankbar, wenn sie uns auf Schwächen unserer Erziehungstätigkeit aufmerksam machen.
Sollten wir aus irgendwelchen Gründen unsere Aufgaben als Eltern nicht voll erfüllen können, wenden wir uns vertrauensvoll an die Paten.

Regen Sie die Paten an, sich über die Bedeutung des Patenamtes Gedanken zu machen. Dies erreichen Sie z.B. mit einer Diskussion über die soeben formulierten Verpflichtungen oder indem Sie die Paten bitten, ein Versprechen bei der Tauffeier vorzulesen. Vorlagen und Anregungen finden Sie in den verschiedenen Abschnitten dieses Buches. Paten, die einen Text aussuchen oder formulieren und dann selbst vortragen, denken in besonderer Weise über die Verantwortung nach, die sie mit diesem Amt übernehmen.

Ob die ausgesuchten Paten Ihre Erwartungen erfüllen und insofern gute Paten für das Kind sind, kann die Kirchengemeinde nicht prüfen, das tun Sie gewissenhaft. Doch auch die Kirche hat Anforderungen und umgekehrt dürfen die Paten Erwartungen an die Kirchengemeinde haben. Denn beide Seiten gewährleisten in gemeinsamer Partnerschaft die christliche Erziehung des getauften Kindes. Gegenseitige Verpflichtungserklärungen ließen sich also auch für Paten und Kirche formulieren.

Aufgrund der inhaltlichen Anforderungen, die die Kirche an Paten hat, sind in den Kirchenordnungen formelle Bedingungen für die Übernahme des Patenamtes formuliert. Niemand kann Pate werden, ohne einer christlichen Kirche anzugehören. Und üblicherweise muss zumindest ein Pate die Konfession haben, in der das Kind aufwachsen soll. In der katholischen Kirche müssen Paten getauft, gefirmt und mindestens 16 Jahre alt sein. Die evangelische Kirche erwartet, dass sie getauft und konfirmiert sind. Sprechen Sie mit Ihren Geistlichen vor Ort, welche Bedingungen Paten erfüllen müssen. Auf evangelischer Seite sind die Anforderungen in den Landeskirchen unterschiedlich. Und auch die einheitlichen Vorschriften der katholische Kirche sehen aus seelsorglichen Gründen gewisse Ausnahmeregelungen vor.

Vater oder Mutter können selbst nicht Pate ihres Kindes werden. Manchmal übernehmen Großeltern das Patenamt für ihr Enkelkind. Das kann unter gewissen Umständen sinnvoll sein. Doch da die Großeltern sowieso eine enge Beziehung zum Kind haben, verschenkt man damit die Möglichkeit, dem Kind noch weitere Menschen an die Seite zu stellen. – Werden trotz aller Bemühungen keine Paten gefunden, die den persönlichen Wünschen sowie kirchlichen Vorschriften entsprechen, wird man mit den Geistlichen vor Ort Lösungen finden.

Geistliche werden oftmals kritisch gefragt, warum das Patenamt mit der Kirchenmitgliedschaft verbunden ist; man könne doch auch an Gott glauben, ohne in der Kirche zu sein. Ja, richtig, persönlicher Glaube ist sehr verschieden und kann auch außerhalb der Kirche existieren. Zum Glück versuchen die großen Kirchen nicht, den persönlichen Glauben zu überprüfen, im Gegensatz zu manchen Sekten. Die katholische und die evangelische Kirche sind ein Dach, unter dem sich Menschen mit sehr unterschiedlichen Glaubenserfahrungen versammeln können – gut so. Es geht nicht darum, den Glauben der Paten zu prüfen. Es geht um die Frage, ob sie bereit sind dazuzugehören zu diesem Volk Gottes, der „Gemeinschaft der Heiligen", wie das apostolische Glaubensbekenntnis es nennt. Der Satz: „Ich segne dich", den Gott im Alten Testament spricht, bedeutet ausformuliert: „Ich segne dich, mein Volk." In dieses Gottesvolk wird das Kind durch die Taufe aufgenommen. Dazu braucht es Begleiter, die ihm diese Gemeinschaft nahebringen. Andererseits sollen sie dafür sorgen, dass die Gemeinschaft (also die Kirche) das Kind nicht vergisst. Um diese Beziehung geht es bei den kirchlichen Anforderungen an die Paten in erster Linie. Wer sich aus der Kirche entfernt hat, kann sehr wohl an Gott glauben, doch die Kirche zweifelt zurecht, ob er „glaubwürdig" zu verantwortungsvoller Mitgliedschaft in dieser Gemeinschaft erziehen kann.

Machen Sie sich den Kirchsaal vertraut

Falls Sie selten oder nie an Gottesdiensten in Ihrer Kirche teilnehmen, so besuchen Sie doch einige in den Wochen vor dem Tauftermin. Feiern Sie mit, beteiligen Sie sich an den Gesängen und Gebeten. So werden Ihnen der Raum und die Teile der Liturgie vertraut. Ein stilles Dank- und Bittgebet für Ihr Kind können Sie dann schon vor Gott tragen.

Fragen Sie die Geistlichen, wer Ihnen etwas über die Geschichte der Kirche, die Gestaltung des Kirchsaals und die Bedeutung der Bilder und Symbole erzählen kann. Verabreden Sie einen Termin, an dem Sie sich alles zeigen und erklären lassen. Interessieren Sie sich für die Gegenstände, die bei der Taufe im Mittelpunkt stehen werden. Lassen Sie sich den Taufstein erklären, die Osterkerze mit ihren Symbolen, den Altar. Bedenken Sie: Nur wissbegierige Eltern werden auch wissbegierige Kinder haben. Alle Gegenstände in einer Kirche haben ihre spezielle Bedeutung. Oft ist diese Bedeutung viel tiefsinniger, als man oberflächlich annimmt. So sind z.b. die Blumen auf dem Altar in erster Linie nicht Schmuck, sondern eine Huldigung an Gott. Es ist, als ob man einem Menschen Blumen schenkt; man sagt damit: „Die habe ich für dich gepflückt, ich hab dich gern!" Daher sind dies in der Regel frische Schnittblumen und nicht Trocken- bzw. Topfblumen. Auch über die anderen Gegenstände – wie Kerzen, Bilder, Tücher, Kunstgegenstände – lassen sich aufschlussreiche Informationen einholen. Davon können Sie dann der Taufgesellschaft weitererzählen und später Ihrem Kind.

Erste Ideen und Briefe an die Gäste

Viele Taufen leiden unter schwacher Beteiligung der Mitfeiernden. Diese schauen oft nur zu, singen und beten kaum mit und bringen sich schon gar nicht mit eigenen Beiträgen ein. Als ob eine Taufe eine Show der Geistlichen sei, die man betrachtet und über sich ergehen lässt. Natürlich können die Geistlichen die Lesungstexte, Gebete, den Taufspruch und vieles mehr allein aussuchen und vortragen; doch hinterlässt solche „Soloveranstaltung" einen faden Geschmack. Sie wirkt lieblos. Singen die Gäste dagegen laut, beten innig mit, sind aufmerksam dabei und beteiligen sich vielleicht sogar mit kleinen Texten, wird die Taufe zu einem Fest, bei dem man die Liebe Gottes und der Menschen zu einem Kind erlebt.

Prüfen Sie die folgenden Vorschläge zur Gestaltung des Gottesdienstes und der anschließenden familiären Tauffeier. Mit der Planung der Taufe sollten die Eltern des Taufkindes nicht alleingelassen werden. Es hat Tradition, dass auch weitere Personen aus dem Familien- bzw. Freundeskreis im Vorfeld solche kreativen Aktionen anstoßen und vorbereiten. Diesbezüglich sind insbesondere Taufpaten in der Pflicht.

Brief mit Bitte um Mitwirkung

Motivieren Sie Freunde und Bekannte, sich zu beteiligen. Dabei kann ein Brief wie der folgende helfen, der gleich nach der Geburt verschickt wird:

An unsere Familie und unseren Freundeskreis!

Unser kleiner Sascha hat am 12. Dezember im Marienhospital das Licht der Welt erblickt. Wir sind überaus glücklich. Wir denken daran, im April oder Mai in der Stephanuskirche die Taufe zu feiern. Bis dahin ist noch etwas Zeit und eine Einladung mit den genauen Daten werdet Ihr noch erhalten. Schon frühzeitig möchten wir uns Gedanken zur Gestaltung der Taufe machen. Wir bitten Euch um Mithilfe. Liefert uns bitte Ideen.

Welche Lieder würdet Ihr gerne singen? Möchtet Ihr uns Texte für die Lesungen vorschlagen? Das können Texte aus der Bibel oder Literatur sein, auch Gedichte, die zu diesem Fest passen. Gibt es Gebete, die Ihr uns empfehlen könnt? Wenn Ihr schöne Taufen miterlebt habt, sagt uns bitte, was daran besonders gelungen war, vielleicht können wir etwas davon übernehmen.

Wir würden uns besonders freuen, wenn wir Personen finden, die sich an der Gestaltung der Taufe beteiligen. Wer ist bereit, einen Text zu lesen? Wer kann einen Spruch auf ein großes Plakat oder Bettlaken schreiben? Hat jemand musikalische Fähigkeiten, die uns bisher verborgen blieben? Wer spielt ein Instrument und kann unserem kleinen Sascha während der Tauffeier als „Geschenk" ein Ständchen spielen? Wir warten auf Eure Ideen. Helft uns mit Tipps, damit die Taufe unseres kleinen Lieblings ein besonderes Fest wird. Wir bauen auf Euch. Besten Dank schon jetzt.

Ingo und Catrin

Einen musikalischen Beitrag leisten

Spielt jemand im Bekanntenkreis ein Instrument? Dann bietet es sich an, dass diese Person schon im Gottesdienst ein kleines Musikstück vorträgt. Diese Darbietung muss nicht perfekt sein. Es ist ja kein Konzert, sondern ein „Geschenk" an das Kind. Vielleicht kann auch jemand aus dem Kreis der Taufgäste eines der Lieder, die für den gemeinsamen Gesang ausgesucht wurden, auf der Gitarre begleiten.

Einen Text vortragen

An verschiedenen Stellen im Verlauf des Taufgottesdienstes besteht die Möglichkeit, dass Eltern, Paten und Gäste einen Text vortragen. So kann man sich z.b. schon an der Begrüßung beteiligen, erklärende Texte zum Eingießen des Taufwassers oder zum Entzünden der Taufkerze lesen, Fürbitten und Segenswünsche vortragen. Wählen Sie mögliche Texte aus und geben Sie diese frühzeitig als Vorschlag weiter.

Einen Tauferinnerungskasten gestalten

Gestalten Sie aus einem Karton einen Kasten, in dem kleine symbolische Geschenke, Texte, Wunschzettel und andere Erinnerungsstücke aufbewahrt werden. Dieser Tauferinnerungskasten kann außen mit Fotos, Taufsymbolen, Sprüchen und Unterschriften der Taufgäste geschmückt sein.

Eine Taufschatzkiste anlegen

Die Gäste werden gebeten, je einen Gegenstand für die „Taufschatzkiste" mitzubringen. Dabei geht es nicht um große Geschenke, sondern um kleine, eigentlich wertlose Dinge. Sie erhalten ihren Wert dadurch, dass man sie mit einem Wunsch für das Leben des Kindes verbindet.

Besonders schön ist, wenn die Taufgäste beim Überreichen des Gegenstandes ein paar Sätze zu seiner Bedeutung vorlesen und auf einem Zettel dazulegen. Diese Aktion kann Teil der häuslichen Tauffeier sein. Vielleicht können schon im Taufgottesdienst Wünsche oder Fürbitten mit den symbolischen Gegenständen verbunden werden. Klären Sie dies im Taufgespräch.

- Ein Stein kann z.B. bedeuten:
  „Du sollst wissen, dass du die Steine, die dir vielleicht mal auf der Seele, auf dem Herzen oder im Magen liegen, nicht allein tragen musst. Ich möchte da sein, wenn du mich brauchst, um Lasten mit dir zu teilen!"
- Eine kleine Kerze kann aussagen:
  „Ich wünsche, dass immer Menschen da sind, die ein Licht anzünden, wenn du mal traurig bist. Die Kerze gebe dir Kraft, ein Mensch zu sein, der Licht bringt."

- Die mögliche Bedeutung einer Perle:
  „Echte Perlen funkeln schön, obwohl sie im Verborgenen, in einer Muschel heranwuchsen. Erkenne daran, dass auch Stille und Alleinsein zum Leben gehören und Wertvolles daraus entstehen kann."
- Mit einer durchsichtigen Glaskugel kann man wünschen:
  „Licht scheint durch die klare Glaskugel; ebenso erleuchte dich Gottes Licht. Es mache dich hell und bewahre dich vor allem Bösen."
- Mit einem Schmetterling, gemalt oder als Abziehbild, kann man sagen:
  „In der Sonne entfaltet ein Schmetterling seine volle Schönheit. Gott sei mit seiner Güte auch bei dir, damit du dich weiterhin entfaltest zu einem wunderbaren Geschöpf Gottes."

Die Liste dieser kleinen Geschenke für die Taufschatzkiste ließe sich lange fortsetzen, denn jeder Gegenstand wird zum Zeichen, wenn man ihm eine Aussage gibt. Schauen Sie in ein Symbollexikon, das man in jeder Bücherei findet, und Sie werden erfahren, wie ebenso aus einem Ball, einem Luftballon, einem kleinen Anker, einem Zweig, einem Reiskorn, einem gezeichneten Clown, einer Kordel oder einer Muschel ein zeichenhaftes Geschenk für die Taufschatzkiste wird. Weitere Beispiele finden Sie auch im folgenden Kapitel *Auswahl eines zentralen Symbols* (S. 21).

Eine Taufcollage erstellen
Jeder Gast kann ein kleines Bild für das Kind malen. Die gesammelten Bildchen werden zu einer „Taufcollage" zusammengestellt. Wenn dafür vorher Kärtchen im Format von 5 x 5 cm verteilt werden, haben die Miniaturgemälde eine einheitliche Größe und z.B. aus 25 Stück kann am Tauftag eine große Collage von 125 x 125 cm werden.

Zeichnet man ein entsprechendes Raster auf eine Pappe, damit die „Gemälde" auf die vorgegebenen Felder geklebt werden, so kann man auf einer verkleinerten Kopie des Rasters eintragen, wer das jeweilige Bild beigesteuert hat.

Wird die Collage schon vor dem Taufgottesdienst erstellt, so kann sie im Taufgottesdienst als aussagekräftige Dekoration hinter dem Taufstein oder vor dem Altar stehen.

Ein Gästebuch auslegen

Aus einer einfachen Kladde wird durch Bekleben mit Fotos und Bemalen mit Symbolen ein schönes „Taufgästebuch". Dieses wird ausgelegt, damit jeder Gast einen kleinen Spruch, einen Segenstext, einen Wunsch, ein Gedicht oder eine Zeichnung eintragen kann. Wenn die Gäste vorher über diese Aktion informiert sind, können sie sich vorbereiten.

Segenssprüche für das Kind aussprechen

Die Gäste werden gebeten, einen kurzen Segensspruch oder einen biblischen Vers mitzubringen und diesen dem Kind zuzusprechen. Einige Texte können während des Gottesdienstes mit Blick zum Kind gelesen werden, andere bei der Feier danach. In manchen Kirchen ist es üblich, dass die Menschen, die um das Taufbecken stehen, dem Kind die Hand auflegen und einen Bibelvers, Wunsch oder Segen aussprechen.

Einen Strauß guter Wünsche zusammenstellen

Wer schmückt den Altar mit Blumen? Findet die Taufe während des üblichen Gemeindegottesdienstes statt, so wird die Küsterei für Blumen sorgen. Bei gesonderten Taufgottesdiensten liegt es oftmals bei den Tauffamilien, den Blumenschmuck bereitzustellen. Machen Sie doch aus dieser Aufgabe eine schöne, ausdrucksstarke Aktion. Bitten Sie jeden Gast, eine Schnittblume bzw. einen Zweig mitzubringen. Dann entsteht ein bunter Strauß. Sprechen Sie mit den zuständigen Geistlichen über diese Idee. Vielleicht nutzen sie den so entstandenen Blumenschmuck gern zu Beginn des Gottesdienstes für eine Aktion, die den Symbolgehalt dieser „Blumenspende" verdeutlicht: Die meisten Blumen werden dazu schon unmittelbar vor Beginn des Gottesdienstes abgegeben. Eine Person aus dem Familien- oder Freundeskreis formt daraus einen bunten Strauß, der dann auf dem Altar steht. Einige Blumen (z.B. die der Taufpaten) werden allerdings erst zu Beginn des Gottesdienstes unter den Augen aller Gäste zum Altar gebracht. Die Geistlichen geben dazu das Stichwort und zeigen auf, dass jede Blume und jeder Zweig ein Segenswunsch für Ihr Kind ist. Der bunte Strauß gibt Anlass, einige Sätze über die Vielfalt der Wünsche und Hoffnungen sowie die Reichhaltigkeit des Segens zu sagen. Der schriftlichen Einladung zur Taufe kann schon die „Bitte um die Blumenspende" beigelegt werden:

Hallo, Ihr Lieben!

Am 6. Mai wird unsere kleine Franziska getauft.

Der beiliegenden Einladung fügen wir noch diesen Wunsch an:

Nach einem alten, fast vergessenen Brauch bitten wir unsere Gäste, je eine Schnittblume oder einen frischen Zeig zum Gottesdienst mitzubringen. Wir erhoffen uns, dass aus den einzelnen Blüten ein großer, bunter, vielfältiger und aussagekräftiger Strauß wird. Eine einzelne Blume genügt also pro Person. Wir sind gespannt auf das Ergebnis. Jede einzelne Blüte ist dann ein guter Wunsch für unseren kleinen Liebling.
Bis dann

Helen und Bernd

Auswahl eines zentralen Symbols

Vielleicht möchten Sie ein Zeichen auswählen, das während der Tauffeier immer wieder seine Aussagekraft entfaltet.

Das Wort „Symbol" kommt aus dem Griechischen und bedeutet „zusammengefügt". Ein Symbol ist aus einem Gegenstand einerseits und einer tiefen Bedeutung andererseits zusammengefügt. Der Gegenstand und die dazugehörige Bedeutung verschmelzen zu einer Einheit. Sieht man den Gegenstand, so schwingt die zeichenhafte Bedeutung mit. Man weiß ohne Worte, was gemeint ist. Der Ehering an meiner Hand zeigt: Ich bin einen festen Bund der Liebe und Treue eingegangen. In einer roten Rose, die man geschenkt bekommt, erkennt man die Botschaft: Ich mag dich.

Anstelle eines Gegenstandes kann auch die Abbildung eines Tieres oder eines Menschen zum Zeichen werden. So steht die weiße Taube für Frieden oder der Heilige Nikolaus für Hilfsbereitschaft. Wissenschaftler sind sicher: Lange bevor sich die Sprache entwickelte, haben Menschen Zeichen zur Verständigung genutzt. Gerade für Sachverhalte, die sich schwer oder nur mit vielen Worten erklären lassen, bieten sich Symbole an. Im Bereich der Gefühle, der Stimmungen und der Religion sind sie unentbehrlich.

Wie der Taufspruch oder mit diesem gemeinsam kann ein Symbol:

- die Einladungsbriefe und das Liedblatt zieren,
- ein Tauftuch bzw. einen Taufschal schmücken,
- auf die Tischdekoration gedruckt werden,
- auf einem Banner über der Kirchentür hängen,
- auf ein Blatt oder Laken gemalt an der Vorderseite des Altars, an der Kanzel oder an der Kirchenwand einen Platz finden.

Hier folgt eine Auswahl von Zeichen, die sich für die Tauffeier in besonderer Weise eignen:

 **KERZE** – Jesus sagte: „Ich bin das Licht der Welt." Die Kerze ist also in der Christenheit ein Zeichen für Jesus selbst. Während sie Wärme und Licht spendet, wird sie immer kleiner; sie opfert sich sozusagen für die Menschen auf. Auch diese „Eigenschaft" deutet auf Jesus hin. Die brennende Kerze bedeutet also: „Gott ist bedingungslos für dich da! In die Dunkelheiten des Lebens bringt er Licht. Er zeigt dir den Weg, den du gehen kannst. Er opfert sich für dich." Neben diesem Zuspruch zeigt die Kerze aber auch einen Anspruch: „Du lebst nicht nur für dich. Denke auch an die anderen Menschen. Sei ihnen ein Licht in ihren Dunkelheiten. Zeige anderen einen guten Weg. Achte darauf, dass dein inneres Auge – dein Herz – nicht dunkel wird!"

- Kinder können zur Vorbereitung auf die Taufe eigene Kerzen gestalten.
- Schon getaufte Kinder werden gebeten, ihre Taufkerze zur Feier mitzubringen; auch diese Kerzen werden entzündet.
- Jedes Kind erhält als Geschenk eine kleine Kerze zur Erinnerung an diese Tauffeier.
- Nicht entzündete Kerzen sind auf eine große Leinwand gemalt. Aus Papier ausgeschnittene Flammen werden verteilt. Es werden Wünsche darauf geschrieben und diese Flammen dann auf die Kerzen geklebt.
- Schwimmkerzen werden im Anschluss an die Taufe ins Taufbecken gesetzt. Mit jeder Fürbitte wird eine Kerze entzündet.

Passende Bibelstellen:
- *Dein Wort ist meines Fußes Leuchte und ein Licht auf meinem Weg.*
  (Psalm 119,105)
- *Jesus spricht: Ich bin das Licht der Welt. Wer mir nachfolgt, der wird nicht wandeln in der Finsternis, sondern das Licht des Lebens haben.*
  (Johannes 8,12)
- *Ihr seid das Licht der Welt. (Matthäus 5,14)*
- *Ich bin in die Welt gekommen als ein Licht, damit wer an mich glaubt nicht in der Finsternis bleibt. (Johannes 12,46)*

HAND – Sie stellt die schützende Hand Gottes dar. Eine große Hand symbolisiert auch die Verantwortung, welche die Erwachsenen für die Kinder haben. Eine Kinderhand zeigt die Schutzbedürftigkeit kleiner Menschenkinder. Hervorgehoben wird diese Bedeutung, wenn die große und die kleine Hand ineinander greifen.

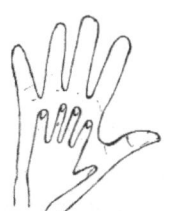

- Ein weißes Laken und einige Stoffmalstifte liegen bereit. Gäste können die Umrisse ihrer Hand auf das Laken malen und ihren Namen oder einen Wunsch hineinschreiben. Symbole können dazugemalt werden. Wird dieses Wunschtuch schon vor dem Gottesdienst erstellt, kann es als Tuch vor dem Altar hängen.
- Ausgeschnittene Hände und Stifte liegen bereit. Gäste schreiben einen Wunsch für das Kind darauf und legen ihn am Taufbecken ab mit dem Versprechen: „Ich werde auch meine Hände einsetzen, dass dieser Wunsch in Erfüllung geht!"

Passende Bibelstellen:
- *Ich erhebe meine Hand zum Herrn, dem höchsten Gott, dem Schöpfer des Himmels und der Erde. (1. Mose 14,22)*
- *Und dennoch gehöre ich zu dir! Du hast meine Hand ergriffen und hältst mich. (Psalm 73,23)*
- *Ich fasse dich bei der Hand und sage: Fürchte dich nicht. (Jesaja 41,13)*
- *Ich ergreife deine Hand und behüte dich. (Jesaja 42,6)*
- *Dein Gott spricht: Ich vergesse dich nicht. Sieh her: Ich habe dich eingezeichnet in meine Hände. (Jesaja 49,15-16)*

HIRTE / SCHAF – Der Hirte bedeutet Schutz. Bei ihm sind die Schafe in Sicherheit. Als Zeichen steht er für Gott. „Der Herr ist mein Hirte", betete der junge David schon vor Jahrtausenden. Jesus sagt von sich: „Ich bin der gute Hirte."

Das Schaf ist allein hilflos; es braucht den Hirten. Die Eltern drücken mit diesen Bildern aus: „Wie ein Hirte seine Schafe beschützt, so soll Gott bei unserem Kind sein." Mit der Taufe wird das Kind als Schäfchen in Gottes Herde eingegliedert.

- Hängt ein großes Bild mit einem einfach gemalten Hirten und seinen Schafen an der Wand, so kann in ein Schäfchen der Name des Taufkindes eingetragen werden. Weitere Kinder können ihre Namen in die anderen Schäfchen schreiben.
- Aus festem Papier ausgeschnittene weiße Schäfchen sind auf Holzwäscheklammern geklebt. Taufgäste schreiben ihre Namen auf die Schäfchen. Sie kommen vor der Taufhandlung nach vorn und klammern sie ans Altartuch oder an ein Tuch am Taufbecken. Das zeigt: Wir sind mit dem Kind eine Gemeinschaft und Gottes Segen gilt auch uns. Später kann jeder Gast sein Klammerschäfchen an seiner Kleidung befestigen und mitnehmen.

Passende Bibelstellen:
- *Der Herr ist mein Hirte, mir wird nichts mangeln. (Psalm 23,1)*
- *Gott wird seine Herde weiden wie ein Hirte. Er wird die Lämmer in seinem Arm sammeln und im Bausch seines Gewandes tragen. Er wird die Mutterschafe führen. (Jesaja 40,11)*
- *Wie ein Hirte seine Schafe sucht, wenn sie von seiner Herde verirrt sind, will ich meine Schafe suchen und sie erretten von allen Orten, spricht Gott. (Hesekiel 34,12)*
- *Ich bin der gute Hirte. Der gute Hirte gibt sein Leben für die Schafe. (Johannes 10,11)*
- *Ich bin der gute Hirte und kenne die Meinen und sie kennen mich. (Johannes 10,14)*

WURZEL / BAUM – Die Wurzel bedeutet Halt, Heimat, Geborgenheit, Sicherheit. All dies soll das Kind bei Gott finden. Zudem wollen die Eltern, die Taufgesellschaft und die Gemeinde für das Kind alles tun, damit seine Wurzeln sich entwickeln können. Der Baum sagt: Du sollst gesunde Wurzeln haben; du sollst stark sein und gute Früchte tragen!

- Vielleicht haben Sie die Möglichkeit, sich eine echte große Wurzel auszuleihen, die dann als Dekoration neben dem Taufbecken steht.
- An ein echtes Bäumchen oder an eines aus Pappe können die Gäste ihre „Wunschblätter" hängen.

Passende Bibelstellen:
- *Wie Josef wirst du wachsen, wie ein Baum an der Quelle, dass die Zweige emporsteigen über die Mauer. (1. Mose 49,22)*
- *Für einen Baum besteht stets Hoffnung; ist er gefällt, so treibt er doch wieder, sein Sprössling bleibt nicht aus. (Hiob 14,7)*
- *Wer auf Gott vertraut, ist wie ein Baum, gepflanzt am Wasser. Seine Frucht bringt er zur rechten Zeit und seine Blätter verwelken nicht; alles, was er macht, gerät sehr gut. (Psalm 1,3)*
- *Wer auf Gott vertraut, wird sein wie ein Baum, der am Wasser gepflanzt ist und seine Wurzeln zu den Bächen ausstreckt. Er fürchtet die Hitze nicht. Seine Blätter bleiben grün in der Hitze; auch in einem dürren Jahr braucht er sich nicht zu sorgen; er hört nicht auf, Frucht zu bringen. (Jeremia 17,8)*

FISCH – Er ist als Erkennungszeichen der Christen noch älter als das Kreuz. In den frühen Zeiten galt er als Geheimzeichen, an dem man Glaubensgeschwister erkannte. Er ist ein Symbol für Lebendigkeit (wie ein Fisch im Wasser) und Lebensfreude.

- An der Wand hängt ein Tapetenstreifen, auf den nur blaue Wellen gemalt sind. Ein Fisch mit dem Namen des Kindes wird aufgeklebt. Fürbitten sind auf weitere Fische geschrieben; sie werden gelesen und mit doppelseitigem Klebband zum „Kind" auf die Wellen geklebt.
- Es gibt im Handel preiswerte kleine Holzfische als Anhänger; vielleicht schenkt man jedem Kind oder gar jedem Gast ein Fischkettchen.

ROSE / BLÜTENBLÄTTER – Die Rose wird als Königsblume bezeichnet. Sie ist die Blume der Superlative: Keine andere Blüte trägt eine solch große Anzahl von Blättern; keine andere Blume in unseren Gärten blüht in so vielen Monaten des Jahres; keine andere Blüte erscheint in so vielen Variationen und Farben. Sie ist Zeichen der Schönheit und Ausdruck der Liebe.

- Fürbitten hängen an Rosen. Jede Fürbitte wird von einer Person laut gelesen und mit der Rose in eine Vase gesteckt. Der Strauß erhält einen Platz auf dem Altar bzw. auf dem Tisch.
- Echte Blütenblätter oder ausgeschnittene werden auf den Rand des Taufbeckens gelegt. Dazu wird jeweils still oder laut ein Bibelzitat oder ein passender Wunsch ausgesprochen: „Ein Zeichen unserer Liebe!" – „Du sollst vielfältig blühen!" – „Die Menschen deiner Umgebung sollen Freude an dir haben!"

Passende Bibelstellen:
- *Gott spricht: Ich lasse dich aufblühen wie eine Blume. So wächst du heran und wirst groß und überaus schön. (Hesekiel 16,7)*
- *Gott spricht: Ich will für dich wie der Tau sein. Du wirst blühen wie eine Lilie und deine Wurzeln tief einsenken wie eine Zeder. (Hosea 14,6)*
- *Wie eine Lilie lässt Gott dich blühen. Sing mit lauter Stimme, preise Gott für alle seine Taten! (Sirach 39,14)*

WASSERTROPFEN / WASSER – Ohne Wasser gibt es kein Leben. So sind die Tropfen Zeichen für alles Gute, das Gott schenkt, für das Leben, für Gesundheit und Kraft. Wassertropfen stärken den dürren Boden, sie erfrischen das müde Gesicht, sie benetzen die trockenen Lippen.

- Unterschiedlich große Papierstücke in Tropfenform (mit Sprüchen oder Namen darauf) können den Kirchsaal und die häusliche Wohnung schmücken.
- Die Fürbitten stehen auf „Wassertropfen". Sie werden auf den Rand des Taufbeckens gelegt.

Passende Bibelstellen:
- *Gott spricht: Ich werde dein Wasser segnen. Ich werde Krankheiten von dir fernhalten. (2. Mose 23,25)*
- *Du gabst ihnen deinen guten Geist, um sie zur Einsicht zu bringen. Du entzogst ihnen dein Manna nicht und gabst ihnen Wasser für ihren Durst. (Nehemia 9,20)*
- *Wie der Hirsch lechzt nach frischem Wasser, so lechzt meine Seele, Gott, nach dir. (Psalm 42,2)*

TAUBE – Sie stellt Gottes Geist dar, der in der Schöpfungsgeschichte über den Wassern schwebt. Sie steht also für Ruhe, Ordnung, Geborgenheit. Sie ist Gottes Geist, der herabstieg, nachdem Jesus von Johannes dem Täufer im Jordan getauft worden war. Sie steht also für das neue Leben, für die göttliche Kraft, die durch die Taufe auf einen Menschen kommt. Die Taube brachte Noah den grünen Zweig als Zeichen, dass Gott den Regen gestoppt hatte und er mit den Tieren die Arche verlassen konnte. Sie ist also Zeichen für Frieden zwischen Gott und Mensch. Eine kleine weiße Taube ist Zeichen der Schutzbedürftigkeit, Reinheit, Zartheit, Schönheit. Die Taube in der menschlichen Hand ist Zeichen für Vertrauen; ebenso sind wir Menschen geborgen in Gottes Hand.

● Weiße Tauben aus festem Papier sind auf Holzwäscheklammern geklebt. Sie liegen bereit. Zwei Personen halten ein dickes Band über dem Kind. Wer mag, nimmt eine Taube, kommt nach vorn und klammert sie mit einem stillen oder laut ausgesprochenen Segenswunsch an das Band. Daheim können die „Wunschtauben" als Gottes Boten über dem Kinderbettchen „fliegen".

Passende Bibelstellen:
- *Vor Gott bist du stets wie eine Taube mit silbernen Schwingen, mit goldenem Flügel! (nach Psalm 68,14)*
- *Kaum war Jesus getauft und aus dem Wasser gestiegen, da öffnete sich der Himmel, und er sah den Geist Gottes wie eine Taube auf sich herabkommen. (Matthäus 3,16)*

ENGEL / SCHUTZENGEL – Ein Engel sprach im Alten Testament zu Hagar und im Neuen zu Maria: „Fürchte dich nicht!" Engel zeigten Abraham und Mose den Weg und führten das Volk Israel durch die Wüste. Sie sind Boten Gottes, ausgesandt, eine frohe Botschaft zu überbringen. Sie zeigen ungeahnte Möglichkeiten auf und begleiten auf schweren Wegstrecken. Sie stehen deutlich auf der Seite des Guten, kämpfen gegen das Böse und schützen vor seinen zerstörenden Einflüssen. „Gott zeigt dir einen guten Weg", sagen sie dem Kind, „er begleitet dich, behütet dich, bewahrt dich vor allem Bösen, stärkt dich zu allem Guten."

- Anstelle der weißen Tauben (siehe vorheriges Symbol) können kleine Engel als Boten Gottes über dem Kind schweben.
- Vielleicht mögen Menschen aus Ihrem Freundes- bzw. Familienkreis kleine Schutzengel basteln, die dann den Gästen als Segenszeichen mitgegeben werden. Bastel- und Malvorlagen findet man reichlich in Handarbeitsgeschäften und Buchläden; sicherlich helfen Ihnen bei der Ideenfindung auch gern die Erzieherinnen im nächstliegenden Kindergarten.

Passende Bibelstellen:
- *Gott, der Herr, wird dir seinen Engel mitschicken und deine Reise gelingen lassen. (1. Mose 24,40)*
- *Ich werde einen Engel schicken, der dir vorausgeht. Er soll dich auf dem Weg schützen und dich an den Ort bringen, den ich bestimmt habe. (2. Mose 23,20)*
- *Gott sprach zu Mose und spricht so zu dir: Ich sende einen Engel, der dir vorangeht, und ich vertreibe alle deine Feinde. (2. Mose 33,2)*
- *Gott hat seinen Engeln befohlen, dich zu behüten auf allen deinen Wegen. (Psalm 91,11)*

Falls Sie weitere Beispiele und dazu passende Texte suchen, schauen Sie in ein „Lexikon der Symbole" oder geben Sie in die Suchmaschine den Begriff „Symbol" und den Gegenstand ein, den Sie ins Auge gefasst haben. So finden Sie sicherlich Texte, die Ihr ausgewähltes Zeichen erklären. Auch Malvorlagen finden Sie über die Bildsuche Ihrer Suchmaschine.

- Möchte man ein Symbol groß an die Wand malen, so empfiehlt es sich, die Vorlage zunächst klein auf eine Folie zu malen oder zu kopieren. Mit einer starken Lichtquelle (Overheadprojektor/Beamer/Strahler) hinter der Folie kann die Vorlage an die Wand projiziert werden. Dann lassen sich die Umrisse schnell nachzeichnen.

Die Auswahl des Taufspruches

Ein Spruch kann als Motto die Taufe und das Leben des Kindes begleiten. In der evangelischen Kirche ist die Auswahl eines solchen Taufspruches feste Tradition. In der katholischen Kirche verbreitet sich dieser Brauch zunehmend. Zumeist wird Wert darauf gelegt, dass der Taufspruch ein Vers aus der Bibel ist. Sollten Sie einen Spruch wünschen, der nicht in der Bibel zu finden ist, sprechen Sie mit Ihren Geistlichen darüber; vielleicht werden Sie gebeten, dem ausgesuchten Zitat einen passenden Bibelvers hinzuzufügen.

Wählen Sie den Taufspruch frühzeitig aus. Er kann als Motto schon die gesamte Vorbereitung beeinflussen und z.B. auf der Einladung stehen. Schließlich kann er einzelne Abschnitte der Tauffeier prägen, von der Dekoration bis zur Predigt.

Um einen Taufspruch zu finden, müssen Sie nicht die gesamte Bibel durchlesen. Im zweiten Teil dieses Buches finden Sie eine Auswahl sinnvoller biblischer sowie nichtbiblischer Sprüche. Vielleicht wird Ihnen auch von Ihrer Kirchengemeinde ein Heft mit Sprüchen zur Auswahl gegeben. Beachten Sie aber auch, ob es in der Familientradition einen biblischen Spruch gibt, den Sie nun auch Ihrem Kind auf den Lebensweg mitgeben möchten. Das kann z.B. der Taufspruch oder Trauspruch der Eltern oder Großeltern sein.

Sobald Sie einen Spruch in die engere Wahl gezogen haben, überlegen Sie, was Ihnen an der Aussage dieses Verses besonders gefällt. Erklären Sie im Taufgespräch, wie Sie zu diesem Spruch kamen und warum er Sie besonders anspricht. Die Geistlichen erfahren dadurch etwas über Sie und Ihre Motive. Vielleicht wird der Pfarrer bzw. die Pfarrerin einige Ihrer Gedanken in den Gottesdienst übernehmen.

Mit dem Taufspruch kreativ umgehen

- Der Taufspruch kann schon als Motto auf der Einladung stehen. In riesigen (bunten) Buchstaben kann er auf ein Bettlaken, eine Pappwand oder ein Banner geschrieben werden. Dieses große Transparent kann z.b. über das Eingangsportal der Kirche gehängt werden. Andererseits findet es vielleicht im Kirchsaal als Dekoration einen Platz oder wird während der Taufe ausgerollt und von einigen Personen hochgehalten. Man kann mit dieser Aufgabe auch anwesende Kinder beauftragen, die auf diese Weise aktiv in das Geschehen einbezogen sind.

- Erwarten Sie mehrere Kinder im Gottesdienst, so schreiben Sie auf Papierbögen jeweils nur ein oder zwei Worte des Taufspruches. Verteilen Sie die Blätter an die Kinder. Im Verlauf des Gottesdienstes werden sie gebeten, sich vorn nebeneinander so aufzustellen, dass man ihre Worte lesen kann. Es wird ein „Wortsalat" sein. Die anwesenden Gäste helfen den Kindern gern, sich so anzuordnen, dass der Taufspruch lesbar wird.

- Alle Anwesenden können einen Spruch erhalten. Dazu kann ein Körbchen mit Spruchzetteln bereitstehen. Diese „Spruchlose" werden während des Gottesdienstes oder am Ausgang gezogen. Man nimmt den Spruch als Geschenk mit nach Hause, das weiter wirkt. Gegebenenfalls können auf diesen Zetteln die Sprüche stehen, die bei der Suche nach dem Taufspruch in die engere Wahl gezogen wurden.

- Sinnvoll ist es, wenn der Taufspruch bei der Feier nach dem Gottesdienst noch sichtbar ist: Er steht als Spruchband an der Wand, auf den Tischkärtchen oder der Speisekarte. Auch hier gilt: Die Eltern sollten nicht alles allein vorbereiten. Sicher gibt es im Bekanntenkreis Personen, die solche Banner oder Kärtchen gern mit dem Computer gestalten.

- Als Leitwort kann der Taufspruch später ins Familienalbum oder in die Kinderbibel geschrieben werden. Zu jeder Geburtstagsfeier, zu jedem Namenstag oder der Feier des Tauftages kann er wieder im Mittelpunkt stehen und auf der Tischdekoration oder den Glückwunschkarten zu finden sein.

Lieder im Gottesdienst

Sie finden in diesem Buch zu jedem der vier Hauptteile des Gottesdienstes ein Kapitel mit Informationen zur jeweiligen Liedauswahl. Im zweiten Teil des Buches sind zahlreiche Lieder aufgelistet.

Ein Gottesdienst „lebt" vom guten Gesang. Wenn Lieder so schwierig oder unbekannt sind, dass nur wenige Gäste sich am Gesang beteiligen, wirft dies einen Schatten auf das Freudenfest. Überlegen Sie bei den Vorbereitungen, wie Sie das Mitsingen fördern können.

- Informieren Sie sich im Freundeskreis, welche Lieder bekannt sind. Wenn mehrere Kinder teilnehmen werden, berücksichtigen Sie auch deren Liedwünsche. Lassen Sie sich im Kindergarten bzw. in der Grundschule die Texte und Noten geben.
- Üben Sie die Lieder vorher im Familien- und Freundeskreis. Vielleicht kann sie jemand vorsingen. Viele Lieder können Sie über das Internetportal Youtube anhören. Auf der Internetseite des Autors finden Sie unter „Service zum Taufbuch" Hörbeispiele, Noten und Texte zu den meisten der vorgeschlagenen Lieder: *www.frank-maibaum.de*
- Wenn Sie der Einladung zur Taufe schon die Texte mit Noten beilegen, können sich auch die Gäste vorbereiten.
- Wenn Sie ein Faltblatt erstellen, das den Gottesdienstablauf sowie die Texte und Lieder enthält, die man gemeinsam sprechen und singen wird, hilft das Ihren Gästen, sich zu orientieren und zu beteiligen. Ein Foto Ihres Kindes, des Altars oder Taufbeckens kann das Liedblatt zieren. Es ist dann ein gutes Andenken an diesen Freudentag. Auch hier der Hinweis: Beziehen Sie andere Menschen in die Vorbereitung ein. Sie kennen sicher einen grafisch versierten Computerfreak, der solches Taufheft gern erstellt.
- Sind ausgesuchte Lieder weitgehend unbekannt, so klären Sie, ob es möglich ist, Melodien zu Beginn des Gottesdienstes unter Leitung des Kirchenmusikers/der Kirchenmusikerin gemeinsam einzuüben.

Die Liedvorschläge in diesem Buch berücksichtigen nicht die besonderen Festtage im Jahreskreis. Findet die Taufe z.B. im Advent, der Weihnachtszeit oder um das Erntedankfest statt, sollten auch Lieder gesungen werden, die für die jeweilige Zeit typisch sind.

Wählen Sie insbesondere einfache und bekannte Lieder. Zu mehreren traditionellen Gesangbuchliedern sowie zu modernen bekannten Melodien gibt es speziell auf die Taufe zugeschnittene neue Texte. Hier als Beispiel mein Text, der auf die Melodie *Danke für diesen guten Morgen* sicher gut mitgesungen wird. Dieses Lied kann an verschiedenen Stellen des Gottesdienstes einen Platz haben. Es passt textlich zur Bibelstelle: *Nun aber bleiben Glaube, Hoffnung, Liebe, diese drei – aber die Liebe ist die Größte unter ihnen* (1. Korinther 13,13):

> *Glaube, das ist die Macht des Guten,*
> *Glaube hält allem Bösen stand.*
> *Glaube gibt uns die Kraft zum Leben,*
> *führt uns Hand in Hand.*
>
> *Hoffnung braucht jeder Mensch zum Leben,*
> *Hoffnung, die unser Gott uns gibt.*
> *Hoffnung hält er bereit für jeden,*
> *der von Herzen liebt.*
>
> *Liebe führt dich auf alle Gipfel,*
> *Liebe bringt dich durch jedes Tal.*
> *Liebe, dir heut von Gott gegeben,*
> *trägt dich allemal.*

Die Geistlichen und die Kirchenmusikerinnen und -musiker sind Ihnen bei der Liedauswahl gern behilflich.

Kinder im Gottesdienst

Bedenken Sie, dass der Gottesdienst bis zu einer Stunde dauern kann. Da werden die kleineren Kinder natürlich unruhig. Das sollten Sie bei der Planung berücksichtigen. Verlassen Sie sich nicht darauf, dass der Pfarrer für Ruhe und Ordnung sorgen wird.

Besonders wenn die Taufe innerhalb eines Gemeindegottesdienstes bzw. einer Messe gefeiert wird, sollten Sie vorher überlegen, wie die (kleinen) Kinder beschäftigt werden können. Nehmen Sie kein Spielzeug mit, womit man Krach machen kann! Malsachen (Papier, Malbücher und Stifte), Bilderbücher und Kuscheltiere haben sich bewährt.

Größere Kinder können mit kleinen Aufgaben aktiv in den Gottesdienstablauf einbezogen werden. Informieren Sie die Geistlichen schon im Taufgespräch über anwesende Kinder und bitten Sie um eine Gestaltung, in der diese berücksichtigt werden. Machen Sie selbst auch Vorschläge; hier im Buch finden Sie viele Anregungen dazu.

Bestimmt dürfen die Kleinen während des Gottesdienstes ihre Plätze verlassen. Das ist besser, als sie mit Mühe und Unruhe am Platz festzuhalten. Aber bitte bedenken Sie, dass Kinder nicht an der Altardecke ziehen, an den Kerzenständern rütteln, an der Mikrofonanlage oder anderen Geräten hantieren sollten. Klären Sie im Taufgespräch oder bei Ihrer „Kirchbesichtigung", wo und wie Kinder sich bewegen dürfen. Schimpfen Sie während der Feier nicht; ständiges „Psst!", „Still!", „Pass jetzt auf!", „Komm her!", „Lässt du das!" stört mehr als die Geräusche der Kinder. Bewegt sich ein Kind an den falschen Ort, so holen Sie es still aber bestimmt zurück. Das Kind wird es wortlos verstehen. Durch Erklärungen halten Sie sich nur selbst davon ab, dem Gottesdienst zu folgen.

Informieren Sie sich im Taufgespräch, in welchen Raum sich ein Erwachsener mit Kindern zurückziehen kann, falls dies nötig werden sollte. Sicher gibt es einen Flur oder einen Nebenraum, in dem jemand aus der Gästeschar die Kinder beschäftigt, die dem gottesdienstlichen Geschehen gar nicht folgen können. Zur eigentlichen Taufzeremonie werden die Kinder dann wieder hinzugezogen. Eine Person – wahrscheinlich die Mutter – sollte darauf vorbereitet sein, mit dem Taufkind im Kirchsaal herumzulaufen oder bis zur Taufhandlung in einem Nebenraum zu verweilen, falls es zu unruhig wird. Besprechen Sie vorher, wer von den Gästen die Aufgabe der Kinderbetreuung übernimmt.

Das Taufgespräch

Üblicherweise bitten die Geistlichen in den Wochen vor dem Tauftermin die Eltern (oft auch die Paten) zu einem Taufgespräch oder einem Taufseminar. Diese Taufvorbereitung findet in den Räumen der Gemeinde oder bei den Eltern daheim statt. Das Gespräch dient dazu, organisatorische und inhaltliche Fragen zu erörtern.

Notieren Sie vorher alles, was Sie im Taufgespräch klären wollen. Bedenken Sie neben den Formalitäten auch, Ideen für die Gestaltung einzubringen. Machen Sie sich also beim Durchlesen dieses Buches Notizen. Klären Sie frühzeitig, wer sich aus Ihrer Gästeschar mit Fürbitten, Gebeten, Musik oder Texten beteiligen kann. Nehmen Sie die folgenden Punkte als Grundlage, Ihre eigene Checkliste für das Taufgespräch zusammenzustellen:

- Warum möchten wir, dass unser Kind getauft wird?
- Welche Personen sollen Taufpaten werden?
- Suchen wir einen Taufspruch aus oder gibt es in der Familientradition einen biblischen Spruch oder schlägt die Gemeinde einen Spruch vor?
- Gibt es biblische Texte, die uns besonders ansprechen?
- Welche anderen Texte (Gedichte oder Erzählungen) möchten wir für die Tauffeier vorschlagen?
- Welchen Text mögen wir selbst vortragen?
- Welche Personen aus dem Freundeskreis sind bereit, einen Text zu lesen?
- Gibt es Texte oder Ideen aus diesem Buch, die wir vorschlagen werden?
- Wie können Gäste einbezogen werden?
- Möchten wir, dass jemand ausdrücklich begrüßt wird?
- Für welche/n Person/Anlass soll eine Fürbitte gesprochen werden?
- Welche Lieder möchten wir singen?
- Gibt es Lieder, die wir vorgetragen hören möchten?
- Soll ein Lied-/Ablaufblatt mit Texten und ggf. Noten gestaltet werden?
- Darf während der Messe bzw. des Gottesdienstes fotografiert werden?
- Dürfen Videoaufnahmen gemacht werden?
- Wird die Taufkerze von der Familie oder der Gemeinde besorgt?
- Wer zündet die Taufkerze an und wer hält sie?
- Haben wir ein Taufkleid?
- Welchen Brauch gibt es in der Gemeinde bezüglich des Taufkleides?
- Wer übernimmt das Schmücken des Altars mit Blumen?
- Können die anwesenden Kinder einbezogen werden?
- Wie beschäftigen wir die kleinen Kinder, wenn sie unruhig werden?
- Können wir den Zweck der Kollekte/des Klingelbeutels mitbestimmen?

ERÖFFNUNG UND ANRUFUNG

Der erste Hauptteil des Taufgottesdienstes

Die Taufe ist entweder Teil des sonntäglichen Gemeindegottesdienstes (der Messe) oder wird als gesonderter Taufgottesdienst gefeiert. Ob als Gemeindegottesdienst oder
spezieller Taufgottesdienst – der gesamte Gottesdienst ist
Taufgottesdienst; d.h. auch, dass die Familie und die Gäste
von Anfang bis Ende dabei sind. Nur in besonderen Ausnahmefällen können Gäste später kommen oder vorher gehen.

Vier Hauptteile hat ein christlicher Gottesdienst, das gilt auch
für die Taufe:

1. Eröffnung und Anrufung
2. Verkündigung / Wortgottesdienst
3. Sakrament
4. Sendung und Segen

Die Taufe ist ein Sakrament. Sie bildet also den dritten Hauptteil der gottesdienstlichen Feier. Der erste Hauptteil ist eine
Kontaktaufnahme mit den Mitmenschen und mit Gott. Die
Anwesenden werden begrüßt, machen sich ggf. miteinander
bekannt, singen ein verbindendes Lied und tragen Gott im Gebet ihre Bitten, aber auch Dank und Lob vor.

Glockengeläut

Glocken sind in verschiedenen Funktionen in nahezu allen Religionen bekannt. Im christlichen Bereich tauchen Glocken erstmals im 6. Jahrhundert in nordafrikanischen Klöstern auf. Bei uns im Abendland kennt man Glocken seit dem 9. Jahrhundert. Seit dem 13. Jahrhundert hat es sich durchgesetzt, dass sie zum Gottesdienst rufen und die Gemeindeglieder auf dem Weg zur Kirche begleiten. In der frühen Christenheit übernahmen häufig Trompeten diese Aufgabe.

Über die Funktion des Zusammenrufens hinaus bedeutet das Glockengeläut bei Taufen (wie auch bei Trauungen und besonderen Segenshandlungen): „Gott begleitet dich auf dem neuen Weg." Die Glocken sind „Zeugen" für den Bund Gottes mit den Menschen. So sind sie gerade bei der Taufe, wo ja ein solcher Bund neu geschlossen wird, ein wichtiges Element. Zudem eröffnen sie den Gottesdienst (sie läuten ihn ein) und begleiten mancherorts Gebete wie das stille Eingangsgebet und das Vaterunser. Die in der Kirche nicht anwesenden Menschen sollen durch die weithin hörbaren Glocken zum Mitbeten aufgefordert werden. In manchen Gemeinden werden sie zudem in dem Augenblick angestellt, wenn das Wasser über den Kopf des Kindes geschüttet wird.

Begrüßung an der Kirchentür

An der Kirchentür wird die Tauffamilie mit ihren Gästen abgeholt. In der katholischen Kirche ist dies der erste Bestandteil der Liturgie. Es ist eine symbolische Handlung, mit der die Geistlichen ausdrücken: Dieses Kind ist uns willkommen; es zu begrüßen ist unsere erste Aufgabe; wir warten nicht in der Kirche, denn wir können es kaum erwarten; wir gehen ihm entgegen, wie man Ehrengästen immer entgegengeht; wir laden es ein in die Kirche, zur Taufe und damit in die Gemeinschaft der Getauften. Dieser Akt drückt die Freude Gottes aus über jedes kleine oder große „Menschenkind", das zu ihm kommt.

Die Geistlichen heißen die Tauffamilie an der Kirchentür zunächst mit freien Worten willkommen. Mit dieser persönlichen Begrüßung versuchen die Geistlichen, die Beteiligten in die Feierlichkeit und Besinnlichkeit des Gottesdienstes „hineinzuführen". Der Stress der Vorbereitung und die Sorge um das gute Gelingen der Feier sollen nun weichen. Für Freude und Dankbarkeit wird Platz geschaffen.

Die Eltern begrüßen die Gäste

Wird die Taufe als gesonderter Taufgottesdienst gefeiert und ist Ihre Familie vielleicht sogar die einzige Tauffamilie, die zu diesem Termin begrüßt wird, so bietet es sich für die Eltern an, selbst auch ein „Grußwort" zu sprechen. Klären Sie mit den Geistlichen, ob dieses schon hier an der Kirchentür oder erst nach dem Einzug in den Kirchsaal angebracht ist:

„Ich begrüße euch, die ihr gekommen seid,
um mit uns dieses wunderbare Fest zu feiern.
Zum Teil habt ihr einen weiten Weg auf euch genommen.
Onkel Karl ist aus Wiesbaden angereist.
Besonders freuen wir uns, dass Oma dabei sein kann,
wir alle haben um ihre Gesundheit gebangt und gehofft.

Mit euch allen zusammen sind wir stark.
Mit euch und mit dem allmächtigen Gott,
unter dessen Schutz wir unser Kind heute stellen,
sind wir nicht nur stark, sondern unschlagbar und überglücklich.
Lasst uns das nun gemeinsam feiern."

Ein zweiter Vorschlag für eine solche eigene Begrüßung:

„Danke, dass ihr alle da seid.
Danke, dass unser kleiner Schatz auch euch so wichtig ist und
ihr euch mit uns freut.
Danke, dass du, Inge, und du, Klaus, die Patenschaft übernehmt.
Danke, dass ihr alle mit uns hofft, betet, singt und feiert.
Danke!

Wir sehen daran, dass wir in guten und in schlechten Zeiten
auf euch und auf Gott bauen können.
Das lasst uns heute feiern."

„Gespräch" mit Eltern und Paten

Zu einer Taufe in der katholischen Kirche gehört, dass der Geistliche nun vor dem Einzug in die Kirche (oder auch direkt nach der Begrüßung im Kirchsaal) ein „Gespräch" mit Eltern und Paten führt. Die evangelische Kirche kennt diesen Abschnitt so nicht.

Die katholische Liturgie sieht folgenden Gesprächsablauf vor, dessen Wortlaut Geistliche oftmals abwandeln, ohne dass der Sinn geändert wird:

Geistlicher: „Wie heißt das Kind?"
Eltern: (nennen den Namen)
Geistlicher: „Was erbitten Sie von der Kirche?"
Eltern: „Die Taufe!"
Geistlicher: „Liebe Eltern, Sie haben für Ihr Kind die Taufe erbeten. Damit erklären Sie sich bereit, es im Glauben zu erziehen. Es soll Gott und den Nächsten lieben lernen, wie Christus es uns vorgegeben hat. Sind Sie sich dieser Aufgabe bewusst?"
Eltern: „Ja, mit Gottes Hilfe!"
Geistlicher: „Liebe Paten! Die Eltern dieses Kindes haben Sie gebeten, das Patenamt zu übernehmen. Auf Ihre Weise sollen Sie mithelfen, dass aus diesem Kind ein guter Christ wird. Sind Sie dazu bereit?"
Paten: „Ja, mit Gottes Hilfe!"

Warum fragt der Geistliche nach dem Namen des Kindes? Er kennt ihn doch schon und hat ihn auch schriftlich vor sich! Dieser Abschnitt ist, wie viele Teile der Liturgie, aus der Tradition zu verstehen. Im Mittelalter wurde der Name des Kindes an dieser Stelle erstmals laut ausgesprochen. Vorher wurde er verheimlicht, denn man glaubte, der Teufel würde sich des Kindes bemächtigen, wenn er dessen Namen hört. Oftmals wurde das Kind vor der Taufe sogar mit falschem Namen gerufen, „um den Teufel auf eine falsche Spur zu leiten". Jetzt erst an der Kirchentür sah man das Kind in Sicherheit. Nun konnte man es zu erkennen geben. Die Nennung des wahren Namens war ein Vertrauensbeweis. Jetzt, wo man wusste, dass Gott das Kind beim Namen ruft, sprach man ihn gerne laut und stolz aus. Eltern und Paten konnten die Frage nach dem Namen kaum erwarten.

Sehen Sie in diesem „Gespräch" an der Kirchentür bitte nicht nur ein veraltetes Stück Liturgie, das „abgearbeitet" wird! Verstehen Sie Ihre Antworten als aufrichtige Erklärung dafür, dass Sie Ihr Kind nicht nur aus bloßer Tradition zur Taufe bringen. Es ist gut, wenn Sie dieses auch mit Worten ausdrücken. Ihre Antworten auf die Fragen der Geistlichen können also auch lauten:

Geistlicher: „Was erbitten Sie von der Kirche?"
Eltern: „Wir möchten, dass unser Kind getauft wird. Wir haben uns das gut überlegt, und ganz bewusst bringen wir unser Kind. Wir freuen uns, dass wir es unter den Schutz Gottes stellen können!"
Geistlicher: „Sind Sie sich dieser Aufgabe bewusst?"
Eltern: „Ja, uns ist bewusst, dass die Erziehung zu Toleranz und Liebe eine schwere Aufgabe ist, die wir aber mit Gottes Hilfe sicherlich gut erfüllen können."

Auf die Fragen der Geistlichen können noch andere Antworten gefunden werden. Anregungen und Formulierungen entnehmen Sie bitte dem Kapitel *Verpflichtung der Eltern und Paten* (S. 62).

Warum sind die Geistlichen hier so unpersönlich?

Unverständlich ist, warum die offiziellen Formulare vorsehen, dass die Eltern und Paten vom Geistlichen mit dem unpersönlichen „Sie" angesprochen werden. Paulus hat schon zu biblischen Zeiten eine sehr persönliche Sprache unter den Christen eingeführt. Seither duzen Geistliche in der gottesdienstlichen Ansprache ihre „Schäfchen" grundsätzlich. Ein solch christliches Du zu Menschen, die man eigentlich nicht kennt, hat sogar einen Namen: „Paulinisches Du". Es müsste also schon zu Beginn heißen: „Was erbittet *Ihr* von der Kirche?", zumal dieses Gespräch schon Teil des Taufgottesdienstes ist.

Wenn es Ihnen recht ist, dass Sie im Gottesdienst geduzt werden, fragen Sie doch Ihre Geistlichen freundlich und mit ehrlichem Interesse, warum dieses „Paulinische Du" zunehmend verloren geht. Das gilt für die katholische wie auch die evangelische Kirche.

Einzug

Schon sehr früh entwickelte sich in der christlichen Kirche der Brauch, dass – nach der Vorbereitung in der Sakristei oder am Eingangstor – Priester und Mitwirkende in einem feierlichen Zug durch das Kirchenschiff zum Altar schritten. Wenn einzelne Personen oder ganze Gruppen eine besondere „Rolle" in einem Gottesdienst spielen, ziehen sie vielfach auch heute durch das ganze Kirchenschiff gemeinsam ein. Wir finden diese Praxis z.b. bei der Ordination oder Priesterweihe, bei Amtseinführungen, bei der Konfirmation und Erstkommunion, der Trauung und eben der Taufe. Falls Gäste schon im Kirchsaal sitzen, stehen diese dazu auf, um den Einziehenden „Ehre zu erweisen".

● Bei diesem Einzug werden die Taufkerze und das Taufkleid vorangetragen. Hat man sich ein Symbol ausgesucht, das sich als „roter Faden" durch die Tauffeier zieht, kann auch dieses nun hereingetragen werden. Geschwister, andere Kinder oder die Paten tragen die Gegenstände sicher gern. Der Vater oder die Mutter trägt in der Regel das Kind. Die Taufgesellschaft zieht bis zu den reservierten Plätzen in den ersten Reihen. Hier bleiben zunächst alle stehen, bis das Zeichen zum Setzen gegeben wird.

Der Einzug betont die Besonderheit der Feier und hat eine liturgische Bedeutung: Diese „Prozession" in den Kirchsaal symbolisiert den Beginn des Glaubensweges und (bei Säuglingen) auch den Anfang des Lebensweges. Taufe ist „Eingang" in die kirchliche Gemeinschaft, dies wird ebenfalls ausgedrückt. Der Einzug ist also eine symbolische Handlung, eine Handlung, die mit einem tiefen Sinn verbunden ist.

Taufgottesdienste werden oftmals als „Stationsgottesdienste" gefeiert, das heißt, man geht von Station zu Station. Der Einzug ist der Weg zur ersten Station, den vorderen Bänken; hier hört man Gottes Zuspruch und Anspruch. Später wird man weiter zum Taufbecken ziehen; hier verbündet sich Gott mit den Menschen. Am Altar, der nächsten Station, erhält man Gottes Segen, um schließlich so gestärkt hinaus ins Leben zu gehen.

Orgelvorspiel

Die Orgel eroberte sich seit der 2. Hälfte des 16. Jahrhunderts zunehmend den Platz als gottesdienstliches Instrument. Seit dieser Zeit wurde es auch üblich, dass Gottesdienste mit einem Instrumentalstück eingeleitet werden. Es soll helfen, äußerlich und innerlich zur Ruhe zu kommen. Der Fachbegriff für dieses erste musikalische Stück ist „Präludium". In der evangelischen Kirchenmusik haben diese Musikstücke eine besondere Tradition. Bekannt sind die Präludien des Kirchenmusikers Johann Sebastian Bach. Begleitet das musikalische Vorspiel den Einzug der Taufgesellschaft, so dient es nicht der Besinnung, sondern ist „Prozessionsmusik", die diesem ersten Teil des Gottesdienstes einen feierlichen Charakter gibt.

Stilles Eingangsgebet

Ein stilles Gebet, das man spricht, sobald man nach dem Einzug seinen Platz erreicht hat, hilft, sich nun auf den Gottesdienst einzustellen. Ein solches Vorbereitungsgebet kann mit dem Hinweis *Zu Beginn des Gottesdienstes bete man bitte still für sich* auf das Liedblatt gedruckt werden. Auf diese Weise werden alle Gäste angeregt, mit einem Gebet den Gottesdienst zu beginnen. So kann ein stilles Eingangsgebet lauten:

„Großer Gott, lange war ich dir nicht mehr so nahe.
Doch du warst bei mir und hast mich nie vergessen.
Heute sind wir mit unserem Kind hier.
Wir lieben es über alles und bitten dich, es zu beschützen.
Lass uns eine gute Gemeinschaft haben mit Menschen,
die sich an dieser Taufe und an deinem Segen erfreuen. Amen."

Ein zweites Beispiel:

„Allmächtiger Gott, du Gott des Friedens und der Liebe, ich bitte dich:
Sei du mit deinem guten Geist jetzt bei uns; wisch bitte jetzt alles weg,
was die Freude über diese Feier beeinträchtigen könnte.
Befreie mich von überflüssiger Sorge;
schenke mir jetzt deinen Frieden. Amen."

Freier Gruß und liturgische Grußformel

Haben alle Platz genommen, folgt zumeist ein erstes Lied. Danach oder anstelle eines Liedes wird der Geistliche die anwesende Gemeinde mit freien Worten begrüßen.

- Nennen Sie den Geistlichen im Vorbereitungsgespräch Personen, die besonders begrüßt werden sollen: z.b. die Uroma, die sich so sehr gewünscht hat, diesen Tag noch zu erleben, oder eine Person, die einen besonders weiten Weg gehabt hat, oder ein Mensch, der wegen dieser Tauffeier zum ersten Mal wieder in seine alte Heimat zurückkam.

Begrüßung durch die Eltern

Dies kann der Augenblick sein, an dem Sie als Vater oder Mutter eine kurze Begrüßung einfügen, falls dies noch nicht an der Kirchentür geschehen ist. Sprechen Sie mit den Geistlichen, inwieweit es sinnvoll ist, dass Sie Ihr Kind nun vorstellen:

> „Das ist unsere kleine Sara, sie wird heute getauft.
> Sie ist am 2. August auf die Welt gekommen.
> Das war einer der schönsten Tage unseres Lebens.
> Wir haben das Wunder der Liebe gespürt wie selten.
> Wir freuen uns, heute unser Glück öffentlich zeigen zu können.
> Schön, dass so viele Menschen sich mit uns freuen über dieses
> Geschenk Gottes. Wir bitten Gott, dass er alles wegwischt,
> was diese Freude irgendwie oder irgendwann trüben könnte."

Nach einer freien Begrüßung spricht der Geistliche nun eine traditionelle liturgische Grußformel aus einem oder mehreren der folgenden Sätze:

Geistlicher: „Im Namen des Vaters, des Sohnes und des Heiligen
Geistes."
Gemeinde: „Amen."
Geistlicher: „Der Herr sei mit euch."
Gemeinde: „Und mit deinem Geist."
Geistlicher: „Unsere Hilfe steht im Namen des Herrn."
Gemeinde: „Der Himmel und Erde gemacht hat."

Mit dem einleitenden Satz „Im Namen des Vaters und des Sohnes und des Heiligen Geistes" wird jeder christliche Gottesdienst eröffnet, nicht nur die Tauffeier. Er entstammt der Bibel. Im Matthäusevangelium (28,19) steht: *Darum geht hin und macht zu Jüngern alle Völker: Tauft sie auf den Namen des Vaters und des Sohnes und des Heiligen Geistes.* Dies ist der erste Teil des sogenannten Taufbefehls, den Jesus seinen Jüngern gibt. Zu Beginn eines Gottesdienstes gesprochen, soll er an die eigene Taufe erinnern. Sie ist der Beginn unseres christlichen Lebens und der Grund unserer gottesdienstlichen Feier.

Auch der wechselseitige Gruß „Der Herr sei mit euch – und mit deinem Geist" gehört in jeden Gottesdienst. Da diese Begrüßung formelhaft und nicht mit freien Worten geschieht, heißt sie „Liturgischer Gruß". Diese Formel stammt aus der Bibel und ist nach ihrer biblischen Bedeutung weit mehr als nur ein Gruß. Es ist ein gegenseitiger Segenswunsch: Die Geistlichen segnen die Gemeinde („Der Herr sei mit euch") und die Gemeinde segnet im Gegenzug die Geistlichen („Und mit deinem Geist"). Dies zeigt, dass geistliche Personen nicht nur Segen spenden, sondern auch auf ihn angewiesen sind und ihn gerne empfangen. Geistliche und Gemeinde stellen sich mit dem liturgischen Gruß gleichberechtigt vor Gott und drücken ihre Verbundenheit aus.

Gebet

Das erste Gebet kann verschiedene Schwerpunkte haben. Es kann zum einen ein Rüstgebet sein. Da wir mit dem Gottesdienst Gott und den Mitmenschen näherkommen wollen, „rüsten" wir uns dazu, indem wir bedenken, was uns von Gott und den Mitmenschen trennt. Ein altes Wort für diese „Trennung" ist „Sünde". Dieses Gebet hat also auch den Namen „Sündenbekenntnis". Hier ein Beispiel:

„Allmächtiger Gott,
dankbar treten wir vor dich,
dankbar für alles, was du uns gibst, dankbar für das Leben.
Wir bekennen, dass wir oft undankbar sind,
undankbar dir und unseren Mitmenschen gegenüber.
Mit Liebe in unseren Herzen treten wir vor dich,

mit Sehnsucht nach Liebe, die uns überfließt.
Wir bekennen dir, dass wir oft sehr lieblos sind,
lieblos dir und den Mitmenschen gegenüber.
So zittern wir oft selbst vor der Kälte unserer Herzen.
Mutlos und ängstlich sind wir oft, aufbrausend
und ohne Vertrauen in dich und die Mitmenschen.
Befreie du uns, vergib uns und stärke uns.
Sei du heute und alle Tage mit deinem Heiligen Geist bei uns.
Amen."

Wenn etwas belastet

Vielleicht trägt ein Teil der Gäste Sorgen mit sich. Das können persönliche oder familiäre Belastungen sein, existenzielle Nöte, eine schwere Krankheit oder noch nicht bewältigte Trauer. Wenn ein solcher „Schatten" die Freude trübt, sollte man nicht einfach darüber hinwegsehen. Sprechen Sie die Geistlichen vorher darauf an. Bitten Sie, dass die belastende Situation im Rüstgebet anklingt. Genau hier gehört das hin! Diese „Aussprache" befreit und öffnet für die gottesdienstliche Begegnung. Vielleicht mögen Sie selbst (oder eine andere Person aus der Gästeschar) einen Teil eines solchen Rüstgebets sprechen. Hier ein Beispiel, in dem ganz dezent anklingt, dass sich auch Sorge in die Freude mischt:

„Großer Gott,
wir feiern diesen Gottesdienst als Freudenfest.
Glücklich und dankbar treten wir vor dich. Du siehst es!
Du kennst uns wie niemand sonst.
Du weißt also auch, dass in manchen Herzen Sorge und
Traurigkeit sind.
Wir bitten dich, halte du deine sanfte Hand über alle Wunden.
Lass uns geborgen sein in dir.
Lass uns in diesem Gottesdienst eine Gemeinschaft mit dir
und den Mitmenschen haben, in der deine Liebe lebendig wird.
Wir taufen ein Kind;
und du versprichst, bei ihm zu sein bis ans Ende aller Zeiten.
So lass uns in dieser Taufe erkennen,
dass du in gleicher Weise auch unseren Lebensweg begleitest
(dass du in der Freude und ebenso im Leid bei uns bist). Amen."

Hier im ersten Teil des Gottesdienstes kann auch ein Psalmtext stehen. Psalmen sind uralte Lieder des jüdischen Volkes, zumeist im Namen von König David getextet. Seit jeher werden sie zu Beginn der christlichen Gottesdienste (früher direkt zum feierlichen Einzug) gesungen oder gebetet. Die verschiedenen Psalmen sind Ausdruck unterschiedlicher Lebenssituationen, sodass man unter den 150 Psalmen der Bibel für jedes Anliegen einen Gebetstext findet.

Lied (erstes Lied)

Das erste Lied wurde entweder schon ganz zu Beginn gesungen oder es beschließt nun den ersten Hauptteil des Gottesdienstes. In jedem Fall muss das erste Lied mit besonderer Sorgfalt ausgewählt werden. Denn die Menschen sind noch in der „Eingangssituation". Jetzt gilt es, Unsicherheiten abzubauen. Dies gelingt mit einem Lied, das bekannt ist oder zumindest eine einfache Melodie hat. Ein Lied, das nur wenige mitsingen können, schafft Unsicherheit und verdirbt die Atmosphäre, die durch freudige Erwartung geprägt ist.

Zudem soll dieses erste Lied die verschiedenen Menschen zu einer Gemeinschaft verbinden. Sie sollen spüren: „Hier sitzt nicht jeder für sich; wir sind versammelt und gesammelt im Namen Christi, wir sind eine Gemeinschaft." Diesen verbindenden Sinn heben sogenannte „Wir-Lieder" besonders hervor, wie „Liebster Jesu, *wir* sind hier" oder „*Unser* Leben sei ein Fest". Insofern sind „Ich-Lieder" wie „*Ich* bin getauft auf deinen Namen" oder „Du bist Du" an dieser Stelle ungeeignet.

Kinder bitte berücksichtigen
Oft sind bei Tauffeiern Kinder anwesend, die aus dem Kindergarten oder der Schule Lieder kennen. Achten Sie bei der Liedauswahl darauf. Fragen Sie die Kinder nach ihren Lieblingsliedern. Kinder werden bei Gottesdienstplanungen leider oft zu wenig berücksichtigt. Feiern mehrere Kinder mit, sollten diese schon zu Beginn erfahren, dass sie dazugehören. Da passt „Gottes Liebe ist so wunderbar, so wunderbar groß" und immer noch der Schlager „Danke für diesen guten Morgen".

Ein einfaches Lied gemeinsam einüben

Die Gemeinschaft wird gefördert, wenn ein neues, leicht zu erlernendes Lied unter fachlicher Leitung eingeübt wird. Dazu bietet sich das Eingangslied „Du hast uns, Herr, gerufen und darum sind wir hier" besonders an, denn dabei singt ein Vorsänger immer einen Satz, den die Taufgäste einfach wiederholen. Ebenso können Erwachsene jeweils einen Satz vorsingen, den die Kinder wiederholen.

Vielleicht ist der Kirchenmusiker bzw. die Kirchenmusikerin bereit, einen Kanon einzuüben. Daran können sich aufgrund der einfachen, kurzen Texte auch Kindergarten- und Grundschulkinder beteiligen. Ist das mehrstimmige Singen nicht möglich, singt man einfach gemeinsam den einen Satz, aus dem der Kanon besteht, mehrfach hintereinander. Beispiele sind:

- „Wo zwei oder drei in meinem Namen versammelt sind, da bin ich mitten unter euch."
- „Der Himmel geht über allen auf, auf alle über, über allen auf."
- „Lasst uns miteinander, lasst uns miteinander singen, loben, preisen den Herrn."

Mit dem Lied die Feier einrahmen

Es bietet sich an, das erste Lied auch am Schluss zu singen. Dann hat man die Feier mit ein und demselben Lied eingerahmt. Der Kanon „Ausgang und Eingang, Anfang und Ende liegen bei dir, Herr, füll uns die Hände" ist dazu geschaffen. Singt man zu Beginn: „Du hast uns, Herr, gerufen und darum sind wir hier", kann man zum Schluss mit derselben Melodie singen: „Wenn wir jetzt weitergehen, dann sind wir nicht allein".

- Informationen zu den Liedern und Hinweise, wo man die Noten und Texte findet, stehen im Kapitel *Lieder* (S. 94).

VERKÜNDIGUNG

WORTGOTTESDIENST

Der zweite Hauptteil des Taufgottesdienstes

1. Eröffnung und Anrufung
2. **Verkündigung / Wortgottesdienst**
3. Sakrament
4. Sendung und Segen

Im ersten Hauptteil des Taufgottesdienstes „Eröffnung und Anrufung" haben wir uns begrüßt, eine Gemeinschaft gebildet und uns mit unseren gemeinsamen Anliegen an Gott gewandt. Nun, im zweiten Hauptteil, werden wir die Antwort Gottes auf unsere menschlichen Fragen, Hoffnungen und Ängste hören.

In der evangelischen Kirche heißt der zweite Hauptteil eines jeden Gottesdienstes „Verkündigung"; in der katholischen Kirche steht dafür der Begriff „Wortgottesdienst". Beide Bezeichnungen beschreiben sehr gut, was das Anliegen dieses Abschnittes ist: Gottes „Frohe Botschaft" wird „verkündet". Biblische „Worte" stehen im Mittelpunkt.

Außerbiblische Lesung

Die Liebe Gottes zu den Menschen wird in erster Linie durch biblische Texte verkündet. Doch auch eine Lesung, die nicht der Bibel entnommen ist, kann diese Frohe Botschaft verdeutlichen.

Sinnvolle Lesetexte sind Gedichte, Legenden und Abschnitte aus der Weltliteratur. Nicht jeder Text eignet sich. Er sollte in irgendeiner Weise die Frohe Botschaft von der Liebe Gottes wiedergeben. Diesen Anspruch erfüllt er, wenn er vom Verhältnis Gottes zu den Menschen und insbesondere zu den Kindern handelt, wenn er unsere Liebe zu den Kindern aufzeigt und die Verantwortung, die wir ihnen und der Welt gegenüber haben, wenn er Dankbarkeit ausdrückt und hoffnungsvoll in die Zukunft blicken lässt. Prüfen Sie Ihre Lieblingsliteratur nach entsprechenden Textstellen. Haben Sie keine Scheu, diese schon im Taufgespräch vorzuschlagen.

Eine Geschichte als Lesung

Es fördert die Aufmerksamkeit der Zuhörer, wenn die Lesung mit eigenen Worten eingeleitet wird. Wir geben Ihnen zu jeder Geschichte ein passendes Beispiel für eine solche Einleitung. Sie sollte weitgehend frei gesprochen werden, mit Blick zu den Hörenden. Diese werden dadurch neugierig und erfahren: Der Text ist nicht zufällig. Er hat eine Bedeutung für die Person, die ihn vorträgt, und sie wünscht sich, dass er auch für mich bedeutsam wird.

Das Geheimnis glücklicher Kinder

„Was können wir tun, dass unser Kind glücklich wird? Diese Frage beschäftigt Eltern seit jeher. Auch ihr werdet das oft fragen. Kluge Menschen werden euch antworten: 'Es gibt kein Patentrezept!' Vom Theologen und Pädagogen Frank Maibaum stammt diese kleine Geschichte; sie soll uns helfen, selbst eine Antwort zu finden:

Rat suchende Menschen kamen täglich zu dem alten Mönch, der sich oben im Kloster geduldig die Sorgen der Menschen anhörte. Seltsame Antworten gab er auf ihre Fragen und niemals einen konkreten Rat.

Dennoch kamen sie immer wieder, manche von weit her.
'Was kann ich tun, dass mein Kind glücklich wird?', fragte eine Mutter.
'Gibt es das Geheimnis glücklicher Kinder?', ergänzte ein Vater.

Selten war die Unruhe so groß wie bei diesen Fragen. 'Hört', rief der Mönch, 'hört das Klatschen meiner Hände!' Mit lautem Schall schlug er seine Handflächen zusammen. 'Und nun', rief er, 'hört das Klatschen dieser Hand!' Er hob eine Hand. Es blieb still und alle lauschten gespannt. 'Wenn du ein Kind hast', flüsterte er in die Stille, 'wird es glücklich werden, wenn du jedoch keines hast, wirst du es verlieren und Traurigkeit wird einziehen in dein Haus. Das ist das Geheimnis!'

Leise wiederholte eine Frau diese Sätze, um zu verstehen: 'Wenn ich ein Kind habe, wird es glücklich sein, wenn ich keins habe, werde ich es verlieren und Traurigkeit wird einziehen in mein Haus.' Es dauerte eine Weile, bis eine Mutter in die Stille sagte: 'Als ich gestern mit meinem Kind auf dem Fußboden lag und wir gemeinsam träumten, spürte ich so intensiv wie selten, dass ich ein Kind habe; wir waren uns so nah.' – 'Wenn wir gemeinsam den Sonnenuntergang betrachten', sagte ein Vater, 'wenn ich abends an seinem Bett sitze und wir auf den Tag zurückblicken', ergänzte ein zweiter, 'wenn ich mit ihm lache oder den Grund seiner Traurigkeit verstehe und es fest an mich drücke', fügte eine Mutter hinzu, 'immer dann weiß ich, dass ich ein Kind habe'. – 'Immer dann', sprach ein Vater nachdenklich, 'wenn ich keine Zeit habe, seine Erfolge mit ihm zu feiern, seine Sorgen zu hören, seine Begeisterung zu teilen, immer dann merke ich, dass mir mein Kind mehr und mehr verloren geht.'

Noch lange wurde an diesem Tag miteinander geredet."

Weitere *Geschichten* zur Auswahl finden Sie ab S. 123.

Ein lyrischer Text als Lesung
Ebenso kann ein Gedicht als nichtbiblische Lesung vorgetragen werden. Das folgende Beispiel ist ein Zuspruch der Nähe Gottes:

„Wohin dein Lebensweg dich auch führen wird, einer ist längst da;
er ist diesseits und jenseits aller Mauern und aller Grenzen,
aller Längen- und Breitengrade.

Wie immer wir die Welt aufteilen, er ist in jedem Teil;
er ist im Norden und im Süden, im Osten und im Westen,
er ist im Sonnenschein und in der Nacht.

Er ist mit dir im tiefsten Schnee, im stärksten Regen,
auf den Weiten des Meeres, auf dem höchsten Berg;
überall ist er mit dir.

Er selbst ist der Tag, er ist die Nacht, kein Datum hält ihn auf;
mit ihm springst du über alle Grenzen,
durchschreitest alle Täler,
übersteigst alle Höhen.

Denn er verspricht heute, dich zu begleiten auf allen deinen Wegen;
er will deine Hand halten,
er kann dich tragen bis ans Ende aller Zeiten,
er, der Ursprung und das Ziel allen Seins."

Weitere Textvorschläge finden Sie im 2. Teil (ab S. 89).

Biblische Lesung

Soweit wir Gottesdienste zurückverfolgen können, haben Christen die
Lesungen biblischer Texte nicht allein den Geistlichen überlassen. Menschen aus der Gemeinde haben sich stets beteiligt. Lediglich das liturgische Vortragen des Evangeliums war lange Zeit – und ist es zum Teil
heute noch – allein den Geistlichen erlaubt.

Schwierige Texte können durch erklärende Sätze eingeleitet oder abgeschlossen werden. Liest jemand aus der Taufgesellschaft den Bibeltext,
so bitten Sie evtl. die Geistlichen, den Lesungstext mit informativen Worten zu erläutern, damit die Bedeutung für die Taufe verständlich wird.

Bibeltexte zur Taufe

<u>Matthäus 3,13-17</u>: *Es kam die Zeit, dass Jesus von Galiläa her an den Jordan wanderte, um sich auch von Johannes dem Täufer taufen zu lassen. Johannes zögerte und sprach: „Du erbittest von mir die Taufe? Mir scheint, ich hätte es eher nötig, von dir getauft zu werden!" Doch Jesus widersprach: „Ziere dich nicht, mich ins Wasser zu tauchen! So zeigen wir den Weg, auf dem Gottes Wille geschehen kann." Das überzeugte Johannes. Als Jesus getauft aus dem Fluss stieg, öffnete sich der Himmel für ihn und er erkannte den Geist Gottes wie eine Taube auf sich herabkommen. Und eine Stimme aus dem Himmel sagte: „Mein Sohn, ich habe dich erwählt, dir gilt meine ganze Liebe."*

<u>Matthäus 28,16-20</u>: *Die elf Jünger gingen nach Galiläa auf den Berg, auf dem sie Jesus begegnen sollten. Als sie ihn erkannten, warfen sie sich ehrfurchtsvoll vor ihm nieder; doch einige zweifelten an ihm. Jesus trat auf sie zu und sagte: „Gott hat mir Vollmacht im Himmel und auf der Erde gegeben. Darum geht nun zu allen Völkern der Welt und begeistert sie! Tauft sie im Namen des Vaters und des Sohnes und des Heiligen Geistes, und lehrt sie, alles zu befolgen, was ich euch gelehrt habe. Und ihr dürft darauf vertrauen: Ich bin immer bei euch, jeden Tag bis zum Ende der Welt."*

<u>Markus 10,13-16</u>: *Einige Leute kamen mit ihren Kindern zu Jesus, damit er sie segnend berühre. Aber seine Jünger wiesen sie unfreundlich ab und wollten sie wegschicken. Als Jesus das sah, wurde er zornig und sagte zu den Jüngern: „Lasst doch die Kinder zu mir kommen und hindert sie nicht daran; denn für Menschen wie diese Kinder öffnet Gott seinen Himmel. Denn das ist wahr: Wer sich Gottes neue Welt nicht schenken lässt wie ein Kind, wird sie nie erleben." Dann nahm er die Kinder in die Arme, legte ihnen die Hände auf und segnete sie.*

<u>Lukas 9,46-48</u>: *Die Jünger waren uneins, wer von ihnen der Größte sei. Als Jesus ihre Gedanken erkannte, rief er ein Kind, stellte es neben sich und sagte zu den Jüngern: „Seht, wer sich in meinem Namen mit diesem Kind auf eine Stufe stellt, der steht mit mir auf einer Stufe. Und wer mich so annimmt, der nimmt den an, der mich gesandt hat. Also: Nur wer unter euch der Allergeringste ist, der ist wirklich groß."*

Verständliche Übersetzungen wählen

Biblische Texte sind oft schwer zu verstehen. Nur wenn man sicherstellt, dass der größte Teil der Gäste einen Zugang zum Text bekommt, hat die Lesung einen Sinn. Wenn viele Kinder anwesend sind, sollte daher eine moderne, einfache Übersetzung gewählt werden, die erzählenden Charakter hat, wie man sie in Kinderbibeln findet.

Einen Text vortragen

In der kirchlichen Tradition heißen Personen, die Texte im Gottesdienst lesen, „Lektoren". Das ist Lateinisch und heißt nichts anderes als „Leser". Sie spielen in der kirchlichen Tradition eine wichtige Rolle. Lassen Sie diese Tradition nicht einschlafen. Machen Sie sich frühzeitig auf die Suche nach Lektoren bzw. Lektorinnen aus Ihrem Familien- bzw. Freundeskreis, die einen Text im Taufgottesdienst vortragen.

● Lektoren sollten ihren Text frühzeitig erhalten, von Ihnen oder den Geistlichen. Vielleicht wählen Lektoren den Text selbst aus. Er soll natürlich nicht auswendig gelernt werden. Eine Lesung ist kein freier Vortrag. Man blickt dabei aufs Blatt, sonst hieße es ja nicht „Lesung". Ich betone dies, weil ich immer wieder Lektoren erlebe, die an sich selbst den Anspruch stellen, beim Lesen die Gemeinde anzublicken und einige Abschnitte gar auswendig zu sprechen. Das soll nicht sein; aber laut und sicher soll der Text abgelesen werden. Das übt man vorher daheim oder im Kirchsaal. Es erleichtert das Zuhören, wenn in jedem Satzabschnitt ein Wort betont wird; es hilft dem Lektor, wenn er sich dieses Wort vorher unterstreicht. So bekommen die Sätze Dynamik und „rauschen" nicht einfach dahin. Dies gilt für das Lesen nichtbiblischer wie biblischer Texte gleichermaßen.

Predigt

Die ersten Predigten nach Jesu Tod wurden von den Aposteln gehalten (oder aufgeschrieben). Daraus entstand das Neue Testament. Immer wieder neu müssen die biblischen Aussagen in die jeweilige Zeit übertragen werden. Das ist Aufgabe der Predigt. Gute Prediger nehmen dabei auch

Bezug zur augenblicklichen Situation der Zuhörer. So gelingt es, die Hoffnungen, Befürchtungen, Wünsche, den Dank oder die Traurigkeit im Licht der biblischen Texte zu sehen. Die vorher gelesenen Texte (oftmals auch der Taufspruch) sowie die aktuelle Taufsituation werden also Inhalt der Predigt sein.

- Erklären Sie im Taufgespräch, warum Sie die biblischen und nicht-biblischen Texte ausgesucht haben. Entfalten Sie Ihre Ideen zum Taufspruch. Je mehr Sie den Geistlichen erzählen (auch von Ihrer Situation und Ihren Gefühlen), desto passender und persönlicher wird die Predigt sein.

Geistliche mit praktischer Erfahrung passen ihr Predigtverhalten auch während des Gottesdienstes der Zuhörerschaft an. Herrscht große Unruhe, wird die Predigt kurz ausfallen. Werden viele Kinder da sein, wird sie erzählenden Charakter haben. Oft meinen Gottesdienstbesucher, die Predigt sei der wichtigste Teil eines Gottesdienstes. Das ist nicht der Fall. Die einzelnen Elemente der gesamten Feier (die Symbole, die Texte, die Lieder, die erklärenden Bemerkungen und die Taufzeremonie selbst) enthalten so viel Aussagekraft, dass auf eine Predigt sogar verzichtet werden kann – auf eine lange jedenfalls.

- Üblicherweise halten die Geistlichen die Predigt allein. Doch es kann eine gemeinsame Aktion daraus werden. Wurde vorher ein Bibelvers (z.B. der Taufspruch) groß auf ein Plakat oder Laken geschrieben, so wird dieses während der Predigt an die Wand, an den Altar oder an die Kanzel gehängt.
- Es lockert die Predigt auf, wenn von einer anderen Person (z.B. einem Kind) im Verlauf der Predigt der biblische Spruch oder das Zitat vorgelesen wird, worüber die Predigt handelt.

Fürbitten

Die Fürbitten stehen bei „katholischen Taufen" an dieser Stelle, bei „evangelischen Taufen" erst am Ende, vor dem abschließenden Segen.

Fürbitten sind Bitten für Menschen, die uns besonders am Herzen liegen. Bei der Taufe denkt man in erster Linie an das Kind. Von hier zieht man Kreise: Für die Eltern, Geschwister, Großeltern beten wir, für die Stadt, das Land und Notleidende in dieser Welt.

Ein Beispielgebet

„Allmächtiger Gott, wir bitten:

Sei mit all deinem Segen täglich neu bei unserem Kind. Schicke deine Engel, es zu behüten auf allen seinen Wegen. Stärke in ihm alles Gute und beschütze es vor allem Bösen.

Lass Glück und Liebe sein Leben bestimmen und gib ihm auch in schweren Lebensabschnitten immer wieder Kraft und neue Hoffnung.

Wir sind erfüllt von Liebe und guten Wünschen für unser Kind. Lass es diese Liebe stets spüren. Gib uns Kraft, Mut und Fantasie zu einer guten Erziehung, dass wir Halt und Orientierung geben, aber auch die nötige Freiheit, eigene Wege zu finden.

Gütiger Gott, überall auf der Welt müssen Kinder körperliche und seelische Not leiden. Wir bitten dich, wecke in immer mehr Menschen die Liebe und das Verantwortungsgefühl für Kinder.

Lass uns achtsam mit den Gütern der Welt umgehen, dass wir unseren Kindern eine Welt übergeben können, in der man gut, gesund und glücklich leben kann.

In unserem Glück, das wir heute feiern, denken wir auch an Menschen, die ein bedrückendes Schicksal tragen, an Opfer von Katastrophen und Gewalt. Sei du ihnen nahe und stärke Menschen, die sich einsetzen gegen Ungerechtigkeit, Hass und Terror.

Für die Mächtigen dieser Welt bitten wir, dass sie das Wohl der Menschen in den Mittelpunkt stellen. Schwäche du Machtstreben, Egoismus, Argwohn und Missgunst, damit die Menschen zueinander finden und überflüssige Grenzen fallen. Eröffne Wege des Friedens und der Versöhnung.

Wir sind mit unserem Mitgefühl bei den Kranken, Traurigen und Trauernden. Sei du ihnen heilend nahe. In Liebe verbunden sind wir auch mit denen, die nicht mehr bei uns sind, die vorangingen in deine Ewigkeit. Lass sie bei dir eine Heimat haben. Amen."

- Im Textteil finden Sie eine ausführliche Zusammenstellung möglicher Gebetsanliegen, aus denen Sie Ihr eigenes Fürbittgebet zusammenstellen können

An den „Namenspatron" denken
In der katholischen Kirche beginnen die Tauffürbitten mit einer „Anrufung der Heiligen", nicht so in der evangelischen Kirche. Martin Luther hat die Heiligen nicht abgeschafft, wehrte sich aber dagegen, dass ihre Bedeutung zu groß wurde und die Anbetung Gottes dabei zu gering. Die beiden Konfessionen sind sich (mittlerweile) in dieser Einschätzung einig. Die folgende Anregung kann also auch für Taufen in der evangelischen Kirche gelten.

Beschäftigen Sie sich mit dem Namen Ihres Kindes. Jeder Name hat eine Bedeutung und es gibt einen Namenspatron bzw. bedeutende Persönlichkeiten mit diesem Namen. Welche guten Eigenschaften werden dem Patron zugesprochen? Welche besonderen Merkmale haben andere besondere Menschen der Christenheit, die diesen Namen tragen?

- Beten Sie, dass etwas von der Kraft bedeutender Menschen, mit denen Ihr Kind den Namen teilt, auch in ihm wirksam wird. Haben Sie solche Gedanken erst einmal im Gebet festgehalten, dann vergessen Sie später nicht, Ihrem Liebling von diesen Menschen zu erzählen.

Aktuelle Nöte berücksichtigen

Überlegen Sie vor dem Taufgespräch, ob Ihnen bestimmte Anliegen für das Fürbittengebet besonders wichtig sind! Gibt es in der Familie Menschen, die Ihr Gebet besonders brauchen? Ist z.B. jemand fern der Heimat, krank, traurig oder in Trauer? Widmen Sie diesen Menschen eine Fürbitte. Wenn gerade Schreckensmeldungen um die Welt gehen, so berücksichtigen Sie auch die betroffenen Opfer. Falls Sie den Zweck des Dankopfers (Geldeinsammlung/Kollekte) kennen, bitten Sie auch für die entsprechenden Menschen oder Institutionen, denn christliche Hilfe geschieht immer mit Taten und Gebeten gleichermaßen.

Fürbitten sind kein „Sologebet"

Es passt nicht, wenn Geistliche die Gebetsanliegen allein aussuchen und vortragen, denn es sind die Anliegen, Wünsche und Hoffnungen der Angehörigen, die hier vor Gott ausgesprochen werden. Gerade bei den Fürbitten sollten also mehrere Personen aktiv mitwirken. Eltern, Paten, Großeltern, Geschwister lesen abwechselnd Fürbitten, die sie vorher mit ausgewählt haben. Auch Personen aus dem Freundeskreis und deren Kinder können mitwirken. – Die gesamte Taufgesellschaft kann einbezogen werden, indem die Bitten durch gemeinsame Gebetsrufe verstärkt werden, gesprochen oder gesungen. Solche Gebetsrufe sind z.B.:

> „Herr, erbarme dich."
> „Herr, höre uns; Christus, erhöre uns."
> „Wir bitten dich, erhöre uns."
> „Kyrie eleison."
> „Bleibe bei uns, großer Gott."

Einige Kanons eignen sich sehr gut, von der gesamten Gemeinde zu den Fürbitten gesungen zu werden. Dann singt man zwischen einigen Gebetsanliegen jeweils einstimmig nur einmal den Text des Kanons. Ein mehrstimmiger Gesang kann das Gebet abschließen. Z.B. eignen sich dafür:

- „Ausgang und Eingang, Anfang und Ende liegen bei dir, Herr; füll du uns die Hände."
- „Der Himmel geht über allen auf, auf alle über, über allen auf."

- „Herr, gib uns deinen Frieden, gib uns deinen Frieden, Frieden, gib uns deinen Frieden; Herr, gib uns deinen Frieden."
- „Jeder Teil dieser Erde ist unserem Gott heilig."
- „Laudate omnes gentes, laudate Dominum." (Taizé)
- „Mache dich auf und werde licht! Mache dich auf und werde licht! Mache dich auf und werde licht, denn dein Licht kommt."
- „Sanctus, sanctus, sanctus Dominus Deus Sabaoth, Deus Sabaoth." (Taizé)
- „Und richte unsere Füße und richte unsere Füße auf den Weg des Friedens, auf den Weg des Friedens."

Kreative Gestaltung der Fürbitten

Die Beteiligten können im Altarraum still nebeneinander stehen und nacheinander ihre Fürbitte vortragen, wobei sie laut und langsam lesen. Die Verlesung der Fürbitten muss nicht mit einer Aktion verbunden werden. Man kann das Gebet in Ruhe Gott vortragen. Sinnvoll ist es, die einzelnen Anliegen optisch zu verstärken. Diese Möglichkeiten haben sich bewährt:

- Nach dem Lesen jeder Fürbitte wird still ein Teelicht oder eine Kerze entzündet. Die Lichter stehen auf dem Altar oder auf dem Rand des Taufsteins. Schwimmkerzen in einer Schale oder im Taufbecken sind eine andere Möglichkeit.
- Die einzelnen Bitten stehen auf Zetteln in Form von Wassertropfen, Blütenblättern, Baumblättern oder einem Regenbogenstreifen. Nach dem Verlesen werden die Zettel auf den Rand des Taufbeckens gelegt, an ein gemaltes oder gar echtes Bäumchen gehängt bzw. auf eine Leinwand geklebt, sodass eine Blüte oder ein Regenbogen entsteht.

Bei der Durchführung einer solchen Aktion achtet man auf eine gewisse Bedächtigkeit und Stille, also darauf, dass der „Gebetscharakter" nicht in Aktionismus untergeht.

Gemeinsames Glaubensbekenntnis

Es gibt keine christliche Taufe ohne das Bekenntnis zum dreieinigen Gott, zu Gott dem Vater, dem Sohn und dem Heiligen Geist in einer Person.

Das Apostolische Glaubensbekenntnis

Traditionell wird gemeinsam das Apostolische Glaubensbekenntnis gesprochen, das klassische Taufbekenntnis der Christenheit. Die Entstehung reicht bis ins 2. Jh. zurück. Man meinte später, es sei von den Aposteln verfasst; daher erhielt es seinen Namen. Dieses Glaubensbekenntnis unterscheidet sich in den beiden Konfessionen nur durch ein Wort. Katholischerseits lautet es: *Ich glaube an ... die heilige katholische Kirche;* die evangelischen Christen sprechen: *Ich glaube an ... die heilige christliche Kirche.* Das Wort „katholisch" ist hier nicht als Abgrenzung zu „evangelisch" zu verstehen. Es bedeutet soviel wie „allumfassend", „allgemein". Feiern katholische und evangelische Christen gemeinsam, können beide Versionen nebeneinander gleichzeitig gesprochen werden; das stört den ökumenischen Gedanken nicht. Die ökumenische Fassung: *Ich glaube an die allgemeine christliche Kirche* hat sich nicht durchgesetzt.

„Ich glaube an Gott, den Vater, den Allmächtigen,
den Schöpfer des Himmels und der Erde.

Und an Jesus Christus,
seinen eingeborenen Sohn, unsern Herrn,
empfangen durch den Heiligen Geist,
geboren von der Jungfrau Maria,
gelitten unter Pontius Pilatus,
gekreuzigt, gestorben und begraben,
hinabgestiegen in das Reich des Todes,
am dritten Tage auferstanden von den Toten,
aufgefahren in den Himmel;
er sitzt zur Rechten Gottes,
des allmächtigen Vaters;
von dort wird er kommen,
zu richten die Lebenden und die Toten.

Ich glaube an den Heiligen Geist,
die heilige katholische/christliche Kirche,
Gemeinschaft der Heiligen,
Vergebung der Sünden,
Auferstehung der Toten und das ewige Leben.
Amen."

Der Text muss schriftlich vorliegen!
Gemeinsam sprechen alle Gäste dieses Bekenntnis. Doch man kann nicht davon ausgehen, dass alle es auswendig können. Daher sollte es in gedruckter Form vorliegen. Bringen Sie den Text ins Taufheft. Wird aus den Gesangbüchern gesungen, so findet man es im Evangelischen Gesangbuch ganz hinten und im Gotteslob vorn (auf S. 20). Immer wieder erlebe ich Taufen, bei denen Geistliche nach der Ankündigung „Lasst uns unseren Glauben gemeinsam bekennen" sofort anfangen zu sprechen, obwohl niemand mitsprechen kann, weil der Text nicht vorliegt oder keine Zeit blieb, ihn aufzuschlagen. Einige Gäste bewegen dann peinlich berührt die Lippen. Achten Sie darauf, solch unangenehme Situationen zu vermeiden.

Ist das Glaubensbekenntnis veraltet?
Vielleicht kommen Ihnen die Worte des Apostolischen Bekenntnisses überholt vor und Sie können sich wenig darunter vorstellen. Ich möchte aber eine Lanze für dieses Bekenntnis brechen. Erwarten Sie nicht, dass mit diesem Text Ihr persönlicher Glaube ausgedrückt wird. Das Apostolische Glaubensbekenntnis erklärt vielmehr die grundlegenden Inhalte des christlichen Glaubens mit alten Worten. Es gibt viele andere Glaubensbekenntnisse, wie es neben dem Vaterunser viele andere Gebete gibt. Und wie jeder sein persönliches Gebet formulieren kann, kann auch jeder sein persönliches Glaubensbekenntnis formulieren. Das ist wichtig. Doch an dieser Stelle geht es um etwas anderes: sich einzureihen in die Christenheit aller Zeiten und an allen Orten. Mit diesem Bekenntnis drückt man aus: Über alle Grenzen von Zeit und Raum hinweg gehören wir zusammen; Worte wandeln sich, doch der dreieinige Gott bleibt derselbe.

Was ist Ihr Glaube?
Vielleicht mögen Sie ein eigenes Bekenntnis zusätzlich formulieren. Zeigen Sie damit, was Ihnen am Glauben wichtig ist und warum Sie Ihr Kind an Gottes Seite stellen. Lassen Sie sich dabei nicht durch feste, vorgegebene Texte hemmen. Hier ein Beispiel einer solch freien Formulierung:

„Ich glaube, dass Gott stets bei uns ist,
dass er uns nie allein lässt, dass er sich rufen lässt,
dass er uns Antwort gibt, dass er uns geduldig und stark macht.

Ich glaube, dass Gott mir Kraft gibt und alle Liebe von ihm kommt.
Daher kann Liebe alles neu machen,
Grenzen überwinden, Mauern einreißen, Berge versetzen.

Ich glaube, dass Gottes Liebe
immer stärker ist und bleibt als alles Böse zusammen."

Lied (Glaubens- oder Tauflied)

Ein Lied an dieser Stelle kann sich inhaltlich auf den zu Ende gehenden
Verkündigungsteil beziehen. Es ist dann eine Antwort auf die Lesungen
und drückt Dank an Gott oder Gotteslob aus. Eines der alten, bekannten
Glaubenslieder eignet sich inhaltlich ebenso wie ein modernes Lob- und
Danklied:

- *Lobe den Herren, den mächtigen König*
- *Nun danket all und bringet Ehr*
- *Lobt froh den Herrn*
- *Wir haben Gottes Spuren festgestellt*
- *Du hast uns deine Welt geschenkt*
- *Danke für diesen guten Morgen*
- *Herr, deine Liebe ist wie Gras und Ufer*
- *Gottes Liebe ist so wunderbar, so wunderbar groß*
- *Laudato si*
- *Laudate omnes gentes*
- *Ins Wasser fällt ein Stein*

Als Lied vor der Taufe kann es den bevorstehenden Taufteil ausdrücklich einleiten. Die eigene Taufe wird erinnert und die zu taufenden Kinder
werden Gott anempfohlen. Lieder wie die folgenden sprechen dies aus:

- *Ich bin getauft auf deinen Namen*
- *Ich bin getauft und Gott geweiht*
- *Liebster Jesu, wir sind hier … dieses Kindlein kommt zu dir*
- *Segne dieses Kind*
- *Kind, du bist uns anvertrauet*
- *Maria breit den Mantel aus*

DIE EIGENTLICHE TAUFHANDLUNG

Der dritte Hauptteil des Taufgottesdienstes

1. Eröffnung und Anrufung
2. Verkündigung / Wortgottesdienst
3. **Sakrament**
4. Sendung und Segen

Der dritte Hauptteil christlicher Gottesdienste ist die direkte Fortsetzung der vorausgegangenen Verkündigung. Wovon wir gerade in den Lesungen gehört haben, wird nun „lebendig": die Liebe Gottes. Die Frohe Botschaft kann jetzt erlebt werden mit allen Sinnen, insbesondere mit dem Herzen. Gott handelt nun an den Menschen. Dies geschieht sonntäglich in der Eucharistie (dem Abendmahl). Heute wirkt Gott in der Taufe.

Der biblische Taufbefehl

Im Neuen Testament – am Schluss des Matthäusevangeliums – steht ein Textabschnitt, der den Namen „Taufbefehl" bzw. „Missionsbefehl" trägt. Jesus verabschiedet sich mit diesem Worten endgültig von den Jüngern und beauftragt sie, die Menschen zu taufen. Da dieser Bibeltext die Begründung für das Sakrament der Taufe ist, fehlt er bei keiner Taufe. Er wird in der Regel von den Geistlichen gelesen. Hier die Übersetzung von Martin Luther:

Und Jesus trat zu ihnen, redete mit ihnen und sprach:

„Mir ist gegeben alle Gewalt im Himmel und auf Erden.
Darum gehet hin und lehret alle Völker und taufet sie im Namen
des Vaters und des Sohnes und des Heiligen Geistes,
und lehret sie halten alles, was ich euch befohlen habe.
Und siehe, ich bin bei euch alle Tage bis an der Welt Ende."

(Matthäus 28, 18-20)

Die christlichen Kirchen taufen also im direkten Auftrag Jesu. Seine Abschiedsworte beinhalten auch den Auftrag, in seinem Geiste zu erziehen (*... und lehret sie halten alles, was ich euch befohlen habe ...*). Mit der Taufe gilt diese Aufforderung nun für Eltern und Paten. Die Kirche sieht sich aufgrund dieser Worte Jesu verpflichtet, Eltern und Paten bei der christlichen Erziehung zu unterstützen.

Verpflichtung der Eltern und Paten

In der evangelischen Kirche gehört es zum festen Ablauf, dass die Eltern und Paten jetzt bestätigen, dass die Taufe ihr ausdrücklicher Wunsch ist. In der katholischen Kirche ist dieser Teil durch das „Gespräch mit Eltern und Paten" abgedeckt, das der Geistliche schon zu Beginn der Feier führt. Ob evangelisch oder katholisch, jetzt können Eltern und Paten mit eigenen Worten erklären, warum sie ihr Kind zur Taufe führen und was sie mit dieser Entscheidung verbinden. Hier zunächst der Dialog, den die evangelische Agende vorsieht:

Pfarrer/Pfarrerin:	„Liebe Eltern (bzw. Vater/Mutter), Patinnen und Paten, ihr habt gehört, was Gott in der Taufe schenkt und was diese Gabe für alle Getauften bedeutet. So frage ich euch: Wollt ihr, dass euer Kind getauft wird, so antwortet: Ja."
Eltern und Paten:	„Ja."
Pfarrer/Pfarrerin:	„Wollt ihr euer Kind als Gottes Geschenk annehmen? Wollt ihr eurem Kind helfen, im Glauben an Gott Kraft für das Leben zu finden, so antwortet: Ja, mit Gottes Hilfe."
Eltern und Paten:	„Ja, mit Gottes Hilfe."

In der evangelischen und katholischen Kirche kann eine Erklärung mit eigenen Worten gelesen werden. Das folgende Beispiel passt auch an den Beginn des Gottesdienstes (insbesondere in den Abschnitt „Gespräch" mit Eltern und Paten, vgl. S. 38):

„Wir möchten, dass unser Kind getauft wird.

Weil wir glauben,
dass schon ein Hauch von Glaube lebendig macht
mitten im alltäglichen Sterben der Gefühle,
dass ein Stück Hoffnung weiter trägt
als jeder Zweifel auf den Wellen der Ratlosigkeit,
dass selbst ein wenig Liebe mächtiger ist
als aller Hass in einer Welt, in der so viele auf das Böse setzen.
Wir möchten unser Kind an der Seite Gottes sehen,
geprägt von Glaube, Hoffnung und Liebe,
gegen die sich ausbreitende Ratlosigkeit,
gegen die erdrückende Übermacht des Bösen.

Wir möchten, dass unser Kind getauft wird.

Weil wir wissen,
wie schnell sich Hoffnung in Verlorenheit wandelt,
wie plötzlich im Glauben der Zweifel keimt,
wie unversehens aus Liebe Gleichgültigkeit wird.
Darum erbitten wir die Kraft des Heiligen Geistes."

Betrachtung des Wassers / Taufwasserweihe

Man hat sich zum Taufbecken begeben. Ob dort nur Eltern, Paten und Geschwister stehen oder sich die gesamte Taufgesellschaft hier gruppiert, hängt von den örtlichen Gegebenheiten ab. Befindet sich das Becken im hinteren Teil des Kirchenschiffes, so wird die gesamte Taufgesellschaft in einer „Prozession" dorthin ziehen. Steht es vorn, wird der Großteil der Anwesenden von den ersten Bänken aus dem Geschehen folgen. Alle Kinder sollten jedenfalls eingeladen werden, ganz nah dabei zu sein.

Die Geistlichen werden nun die Aufmerksamkeit auf das Wasser lenken. Die erste Taufe der Christenheit geschah mit Wasser, genauer gesagt: im Wasser. Jesus wurde von Johannes (dem Täufer) im Jordan getauft. Die vielen Menschen, die gleichfalls zur Taufe strömten, wurden ebenso in den Jordan (und dann auch in andere Flüsse) getaucht. Ja, sie wurden nicht nur übergossen, sie wurden eingetaucht. Aus dem Wort „tauchen" entwickelte sich unser Wort „taufen".

Die katholische Kirche weiht zu Ostern ihr Taufwasser. Während der gesamten Osterzeit wird dieses für die Taufen genutzt. Danach wird das Taufwasser wieder vor jeder Taufe geweiht. In der evangelischen Kirche ist das Taufwasser kein besonderes Wasser. Es wird vor der Taufe aus der Wasserleitung genommen oder (selten) aus dem nächsten Bach geholt. Geweiht wird es nicht, weil hier davon ausgegangen wird, dass Gott bei der Taufe selbst durch das ganz normale Wasser handelt. Aber die Bedeutung des Elements Wasser für die Taufe wird in allen christlichen Kirchen durch besondere Texte hervorgehoben. Dies ist wieder eine Stelle, an der Menschen aus der Taufgesellschaft einen Text lesen können.

Text zum Eingießen des Wassers

Der folgende Text ist dazu gedacht, während des Eingießens des Wassers in das Taufbecken gelesen zu werden. Mehrere Personen können sich den Text teilen. Kinder beteiligen sich immer gern beim Eingießen, und bestimmt hilft ein Erwachsener ihnen, die Kanne zu halten. Wurde das Taufbecken schon vor dem Gottesdienst mit Wasser gefüllt, so kann nun jeweils etwas nachgefüllt werden oder statt des Eingießens wird das Wasser zwischen jedem Abschnitt berührt.

„Was ich dir wünsche, wirkt alt,
und doch ist es immer wieder neu,
so wie Wasser alt ist
und doch täglich wieder frisch und neu.“

(etwas Wasser aus der Kanne ins Taufbecken gießen)

„Segne mit liebevollen Gedanken;
mit guten Wünschen spare nicht!“

(etwas Wasser eingießen)

„Hoffe für die Bedrückten;
gegen das Böse erhebe dein Wort!“

(etwas Wasser eingießen)

„Den Argwohn verbreite nicht;
finde eine Entschuldigung für die Verurteilten!“

(etwas Wasser eingießen)

„Deinen freundlichen Blick lass hervorschauen;
dein Lächeln schenke reichlich!“

(etwas Wasser eingießen)

„Zur Offenheit löse dich;
deine Hand werde leicht für eine gute Tat!“

(etwas Wasser eingießen)

„Weil du damit täglich Hoffnung schenkst,
ist es immer neu, so alt es scheint.
Und du, mein Kind, sollst neu sein, ein Leben lang,
ein neuer Mensch durch dieses Wasser.“

(alles Wasser eingießen)

Am Wasser verbunden – miteinander und mit Gott

Sind mehrere Kinder anwesend, so können diese folgendermaßen in das Taufgeschehen einbezogen werden: Es wird ein Ring auf bzw. um das Taufbecken gelegt. Einen großen Ring aus Holz erhält man in Geschäften für Bastelmaterial. Aus einem frischen (Weiden-) Zweig kann man ihn allerdings auch selbst formen. An diesem Ring werden Bänder befestigt (am besten wurde dies schon vor dem Gottesdienst so vorbereitet, dass die Bänder nun herunterhängen). Jedes anwesende Kind nimmt jetzt das Ende eines Bandes. Sind es weniger Bänder als Kinder, so halten zwei Kinder ein Band gemeinsam. Die Erwachsenen legen ihre Hände auf die Schultern der Kinder. So bleibt man auch während der Taufe stehen. Dazu muss nicht viel gesagt werden. Jeder empfindet:

> „Verbunden bin ich –
> verbunden mit dem Wasser,
> verbunden mit dem Kind, das getauft wird,
> verbunden mit allen Kindern,
> miteinander verbunden,
> miteinander und mit Gott,
> verbunden durch dieses Wasser."

● Liest man, während die Bänder gehalten werden, die Bibelstelle von der Segnung der Kinder durch Jesus (Markus 10,13-16, siehe *Biblische Lesung*, S. 50), so entsteht eine besonders aussagekräftige Situation.

Taufhandlung

„Wer soll das Kind über das Taufbecken halten?", werden Geistliche oft gefragt. Es gibt dafür keine verbindliche Regel. Oftmals hält die Mutter es und möchte sich diese Geste auch nicht nehmen lassen. Dafür sprechen gute Argumente, zumal das Bild „Mutter mit Kind" (der Vater mit Taufkerze rundet es ab) sehr „symbolträchtig" ist. Hält ein Taufpate bzw. eine Taufpatin das Kind, so sagen sie damit aus: „Hier am Taufbecken beginnt unsere Verantwortung." Diese Verantwortung können die Paten aber auch ausdrücken, indem sie die rechte Hand auf das Kind halten. Manchmal trägt eine Person es bis zur Kirchentür, eine nächste bis zum Platz, wieder eine weitere Person trägt es zum Taufbecken usw. Doch ist diese Praxis des Weiterreichens für das Kind etwas stressig. Ich kann nur die Möglichkeiten aufzählen, entscheiden müssen Sie nach dem Gespräch mit den Geistlichen.

Im Namen des dreieinigen Gottes

Das Kind wird mit Wasser übergossen, in manchen Gemeinden aber ins Wasser getaucht. Fragt der Geistliche nun noch einmal nach dem Namen des Kindes, so hat er ihn natürlich nicht vergessen. Er möchte, dass die Gemeinde und Gott den Namen laut und deutlich hören und die Eltern somit ausdrücken: „Das ist unsere Franziska; ruft sie bei diesem Namen. Und du, großer Gott, schreibe diesen Namen in deine Hand; rufe unser Kind so. Unser Kind ist dein Kind."

Der Geistliche schöpft mit der Hand oder einer kleinen Schale Wasser und gießt es dreimal dem Täufling über das Haupt. Dazu spricht er die Taufformel:

> „Ich taufe dich im Namen des Vaters

> (Wasser)

> und des Sohnes

> (Wasser)

> und des Heiligen Geistes."

> (Wasser)

Dieser Taufformel folgt eigentlich kein „Amen". Amen bedeutet: „So sei es." Mit einem Amen bestätigen Zuhörer, was ein Vorbeter spricht. Die Taufe wird nicht in dieser Weise bestätigt. Der Täufling bestätigt sie mit seinem Leben, das ist das Amen.

Erklärende Riten

Der Taufe mit Wasser können einige zeichenhafte Riten folgen wie: Salbung, Bekreuzigung, Übergabe des Taufkleides, Entzünden der Taufkerze, Berührung von Mund und Ohren (Effata-Ritus). Diese Zeichenhandlungen zeigen, was die Taufe für das Kind bedeutet:

- Du bist gesalbt wie ein König (Salbung),
- gesiegelt mit dem Kreuz (Bekreuzigung),
- bekleidet mit der Liebe Christi (Taufkleid),
- geführt und erleuchtet vom Licht Gottes (Taufkerze),
- ermutigt, das Wichtige auszusprechen,
- und befähigt, das Gute zu hören (Berührung von Mund und Ohren).

In der evangelischen Kirche tut man sich mit diesen symbolischen Handlungen noch schwer. Nach der Reformation gerieten sie hier zunächst für Jahrhunderte in Vergessenheit. Es bestand die Befürchtung, dass diese eindrucksvollen Handlungen das Taufgeschehen überdecken statt erklären. Im Rahmen der Ökumene lernt die evangelische Kirche, wie bedeutsam Zeichenhandlungen für den Glauben sind. So finden sie zunehmend auch hier einen Platz. Ob in der evangelischen oder katholischen Kirche: Achten Sie bitte bei Ihren Wünschen nach einer Ausgestaltung dieser Zeichenhandlungen darauf, die eigentliche „Wassertaufe" nicht in den Hintergrund zu stellen. Wenn die Gefahr besteht, dass die vorausgegangene Taufhandlung „überboten" wird, kann jetzt weniger mehr sein.

Salbung mit Chrisam / Handauflegung

In allen katholischen und in vielen protestantischen Kirchen wird das Kind nun mit Chrisamöl auf der Stirn gesalbt. Chrisam besteht aus Olivenöl, dem Balsam beigemischt ist. Balsam ist eigentlich das Harz eines Baumes, der insbesondere in Palästina wächst. Doch schon zu biblischen Zeiten wurden auch andere wohlriechende, heilkräftige Harze und Öle als Balsam bezeichnet. Das Chrisam ist also ein mit wohlduftenden, kostbaren Essenzen angereichertes Olivenöl. In manchen Gemeinden wird etwas Rosenöl hinzugegeben. Mit dem Daumen oder auch mit Mittel- und Zeigefinger verteilt der Geistliche dieses Öl durch leicht kreisende Bewegungen auf dem oberen Teil der Stirn (Haaransatz) Ihres Kindes. Es wird kein Kreuz gezeichnet.

Im Wort Chrisam schwingt „Christ sein" mit. Das heißt, nur getaufte Christen werden mit diesem besonderen Öl gesalbt. Wie Könige und Priester gesalbt werden, damit in ihrem Handeln Gottes Wille sichtbar wird, so wird Ihr Kind gesalbt. Die Salbung ist ein sehr altes Zeichen, ein besonders eindrucksvolles. Doch es ist nicht mehr als ein Zeichen. Die Taufe mit Wasser ist das Zentrum des Geschehens. Die Salbung erklärt (lehrt) nur, was in der Taufe geschieht. Der Apostel Johannes sagt das so:

Die Salbung, die ihr von Gott empfangen habt, bleibt in euch, und ihr braucht euch von niemand belehren zu lassen. Alles, was die Salbung euch lehrt, ist wahr und keine Lüge. Bleibt in Gott, wie es euch seine Salbung gelehrt hat. (1. Johannes 2,27)

Handauflegung
Ist die Salbung in der Gemeinde nicht üblich, so legt der Pfarrer/die Pfarrerin dem Kind die Hand auf und spricht einen Segen (Taufvotum) wie:

„Gott gebe dir seine Gnade: Schutz und Schirm vor allem Bösen, Stärke und Hilfe zu allem Guten um Jesu Christi Willen."

● Personen, die am Taufbecken stehen, können nun ebenfalls das Kind berühren und dazu einen Vers sprechen. Will man dies so handhaben, sollten diese Taufgäste vorher darüber informiert und gebeten werden, einen Bibelvers oder einen kurzen Wunsch mitzubringen, um ihn während des Auflegens der Hand vorzulesen oder frei zu sprechen. Statt des Vortragens einzelner Segenstexte kann eine Person zur Handauflegung einen der Salbungstexte lesen, die Sie weiter unten sowie im Textteil finden.

Salbung in der evangelischen Kirche
In evangelischen Kirchen ist diese symbolische Handlung wenig verbreitet, doch theologisch spricht nichts dagegen. Wenn Sie es möchten, besprechen Sie mit Ihrem Pfarrer/Ihrer Pfarrerin, welche Möglichkeit es

gibt, dass Ihr Kind direkt im Anschluss an die Taufhandlung gesalbt wird. Da in vielen evangelischen Gemeinden kein Salböl vorhanden ist, bieten Sie an, es selbst herzustellen. Wie zu Beginn dieses Kapitels erklärt, ist Chrisam Olivenöl, das mit etwas Balsam als Duftstoff vermischt ist. Dem Olivenöl können Sie anstelle von Balsam einen kleinen Teil von anderem gut duftenden, hautfreundlich-kosmetischen Öl zumischen. Es versteht sich von selbst, dass dieses Öl nur zur äußeren Anwendung gedacht ist. Im Alten Testament finden wir ein Rezept für „Heiliges Öl", mit dem Menschen und Gegenstände zu biblischen Zeiten gesalbt wurden:

60 Tropfen Olivenöl
6 Tropfen Myrrhenöl und 6 Tropfen Kassiaöl
3 Tropfen Zimtöl und 3 Tropfen Kalmusöl
(vgl. 2. Mose 30,22-25)

Dieses biblische Salböl kann auf der Babyhaut eine leichte Rötung hervorrufen, die aber schnell zurückgeht und unbedenklich ist. Doch um eine solche allergische Reaktion zu vermeiden, verwenden Sie lieber reines Olivenöl und mischen einen Tropfen wohlreichendes kosmetisches Öl bei.

Text zur Salbung bzw. Handauflegung
Die Bedeutung der Salbung sollte im Gottesdienst nicht erklärt werden. Der Geistliche spricht ein kurzes Votum, dem Sie einen besinnlichen Text voran- oder nachstellen können. Hier ein Beispiel, weitere im Textteil:

„Du bist getauft.
Du gehörst zu Gott,
dem Allmächtigen, dem Ursprung allen Seins.

Du bist getauft.
Du gehörst zu Christus,
dem Liebenden, der die Schuld vergibt.

Du bist getauft.
Du gehörst zum Heiligen Geist,
der ewigen Kraft, die dich durchzieht.

Du bist getauft.
So geh nun deinen Weg wie ein von Gott gesalbter König:
stolz, wenn möglich;
demütig, wenn nötig;
aufrecht, wenn du auf Großes schaust;
gebeugt, wenn das Kleine dich ruft.
So geh nun deinen Weg als Gesalbter Gottes."

• Wird umstehenden Kindern etwas von dem Öl auf die Hand gerieben und dürfen sie seinen Wohlgeruch „schnuppern" und hören sie dazu einen Segensspruch, der ihnen gilt, so fühlen sie sich einbezogen und werden dieses „große" Ereignis kaum vergessen.

Bezeichnung mit dem Kreuz

Der Geistliche „zeichnet" mit dem Daumen oder dem Zeige- und Mittelfinger ein Kreuz auf die Stirn Ihres kleinen Lieblings. Dies wird schon vor der Taufhandlung oder jetzt durchgeführt. Wie die Salbung ist dies ein Zeichen, das ohne Worte etwas über den Sinn der Taufe aussagt, ein Sinnzeichen also. Eltern und Paten tun dies dem Pfarrer nach, auch sie bekreuzigen das Kind. Was diese Handlung bedeutet, erkennen Sie an den folgenden drei Bibelstellen. Lesen Sie diese jetzt bitte langsam und achten Sie auf die Gemeinsamkeit:

– *Gott ist es auch, der uns sein Siegel aufgedrückt und den Geist in unser Herz gegeben hat. (2. Korinther 1,22)*
– *Ihr seid nun auch versiegelt mit dem Heiligen Geist. (Epheser 1,13)*
– *Das feste Fundament, das Gott gelegt hat, kann nicht erschüttert werden. Es trägt ein Siegel mit der Inschrift: Der Herr kennt die Seinen. (2. Timotheus 2,19)*

Haben Sie die Gemeinsamkeit in den drei Bibelstellen entdeckt? Es ist der Begriff „Siegel". Das Kreuzeszeichen ist dieses Siegel, von dem die Bibel spricht. Wie man in einen Gegenstand die Anfangsbuchstaben des Besitzers (Monogramm) ritzt, wie man ein Pferd mit einem Brandmal versieht, so wird das Kreuz auf das Kind gezeichnet. Damit jeder weiß: Dieses Kind gehört zu Gott; niemand anders darf es in Besitz nehmen!

71

Man kann nun meinen: „Das ist aber ein schwaches Zeichen, wer soll es später sehen? Eine eingeritztes Monogramm bleibt sichtbar, ein Brandmal ist offensichtlich; aber ein mit dem Finger gezeichnetes Kreuz?" Wie sichtbar das Kreuz im Leben Ihres Kindes bleibt, liegt bei Ihnen! Was ihm die Taufe mit Wasser bedeuten wird ebenso. Wir Christen überschütten uns nicht mit haftender Farbe, machen uns kein offensichtliches Tattoo, kein Zeichen auf die Stirn. Die Zeichen sollen im Herzen bewahrt bleiben.

- Sie werden gebeten, es dem Geistlichen nachzutun! Zeichnen auch Sie als Vater, Mutter, Patin, Pate, Großvater, Großmutter das Kreuz auf die Stirn des Kindes! Das ist ein Beginn, eine Ermutigung, es in Zukunft zu wiederholen. Diese Zeichenhandlung verdeutlicht: Segnende Gesten sind nicht den Geistlichen vorbehalten. Ebenso dürfen Sie es tun. Ihre Segenshandlung hat mit Sicherheit eine für das Kind gute Wirkung. Dies sage ich als Theologe und Pädagoge. Erneuern Sie dieses Siegel immer wieder mal, segnen Sie Ihr Kind auch später.
- Salbung und Bekreuzigung können miteinander verbunden werden, indem man mit dem Öl ein Kreuz auf die Stirn zeichnet.

Anziehen des weißen Taufgewands

Ein weiterer erklärender Ritus ist das Anziehen oder Überlegen eines einfachen weißen Kleides. Die Eltern haben es entweder vor der Taufe gekauft, es im Freundeskreis oder in der Nachbarschaft geliehen oder es wird in der Familie seit Generationen weitergegeben.

- Manche Kirchengemeinden stellen Taufkleider zur Verfügung. Es kann aber auch sehr leicht selbst genäht werden. Ein einfacher weißer Umhang muss es nur sein. Ein schlichtes Leinenkleid genügt. Es ist ja ein symbolisches Kleid. Weiß muss es sein und zu lang. Das sind die beiden Kennzeichen eines Taufkleides.

Die weiße Farbe zeigt Reinheit, Unschuld. In gewisser Weise ist es ein Hochzeitskleid. In der alten kirchlichen Sprache ist Jesus der „Bräutigam" des Menschenkindes. Das weiße Kleid ist auch ein Zeichen für Jesus selbst. Das zeigt die Bibelstelle: *Ihr alle, die ihr auf Christus getauft seid, habt Christus als Gewand angelegt* (Paulus im Brief an die

Galater). Die übermäßige Länge des Kleides symbolisiert: „Ich bin so klein, Gott; in den Glauben muss ich erst hineinwachsen, ausgewachsen werde ich diesbezüglich nie sein." Daher ist auch die Albe, das weiße liturgische Untergewandt katholischer Priester, immer zu lang und reicht unter den darübergezogenen Gewändern bis zu den Knöcheln.

- Das Taufkleid wird beim Einzug mit der Taufkerze hereingetragen. Es schon daheim dem Kind anzuziehen macht keinen Sinn. Aus praktischen Gründen wird es im Verlauf der Taufliturgie dem Kind einfach übergelegt. Doch es nun überzuziehen entspricht am ehesten seiner Bedeutung, wie diese Bibelstelle zeigt: *Ihr habt doch den alten Menschen mit seinen Gewohnheiten ausgezogen und habt den neuen Menschen angezogen* (Kolosser 3,9-10). In der frühen Christenheit legte der Täufling alle Kleider ab, bevor er das weiße Taufgewand anzog. Die Nacktheit zeigte: „Ich lege alles Alte ab und trete schutzlos vor Gott; alles, was ich brauche, erhalte ich von ihm." Klären Sie im Verlauf des Taufgesprächs, welche Rolle das Taufkleid bei Taufen in Ihrer Gemeinde spielt und ob und wie dieser alte Brauch gestaltet werden kann.

Tauftuch / Taufschal
Ist das Taufkleid nicht gebräuchlich, kann dem soeben getauften Kind ein Tauftuch bzw. ein Taufschal übergelegt werden.

- Im Unterschied zum weißen Taufkleid kann ein solches Tuch bestickt, bemalt, bedruckt sein und auch aus farbigem Stoff bestehen. Ein Symbol wie eine weiße Taube, eine Kerze, ein Regenbogen oder ein Hirte mit seinen Schafen kann aufgebracht sein. Der Schal kann aus Stoffstreifen in den Farben des Regenbogens zusammengenäht sein. Diese Zeichen geben dem Tuch seine Bedeutung: Gottes guter Geist kommt auf dich und bleibt bei dir bis ans Ende aller Zeit (Taube); Gott erhellt dein Leben, sein Licht zeigt dir den Weg (Kerze); Gott schickt dir ein Zeichen des Friedens, das sich über dein Leben spannt, er beschützt dich, vielfältig und bunt sei dein Leben (Regenbogen).

Die Taufkerze wird an der Osterkerze entzündet. Während der gesamten Tauffeier brennt die Osterkerze. Nun wendet sich die Aufmerksamkeit der Anwesenden ihr zu. Den Namen „Osterkerze" trägt sie nicht nur, weil sie in der Osternacht feierlich entzündet und gesegnet wurde. Die Kerze steht für das Ostergeschehen der Bibel: Jesus ist auferstanden; er ist lebendig, der von sich sagt: *„Ich bin das Licht der Welt, wer mir nachfolgt, wird nicht in der Finsternis umhergehen, sondern wird das Licht des Lebens haben."* Dass diese Zusage immer noch gilt, drückt die aktuelle Jahreszahl mitten auf der Kerze aus. Zusätzlich ist sie mit einem Alpha und einem Omega verziert. Das sind der erste und letzte Buchstabe des griechischen Alphabets: Gott ist also der Anfang und das Ende.

Wenn nun die Taufkerze an diesem Licht entzündet wird, heißt das für Ihr Kind: Gott ist da, er ist lebendig; auf ihn kann es sich verlassen; er ist A und O für dieses Kind.

Doch übersehen wir die fünf roten Nägel nicht, die fest in der Kerze stecken. Dies sind die fünf Wunden, die Jesus am Kreuz erlitt. Auch diese gelten für das Kind. Die Taufe bedeutet nicht, dass Ihr Kind verschont wird von den Dunkelheiten dieser Welt, nicht von Krankheit, nicht von Traurigkeit, Schmerz und Abschied. Insofern geht es getauften Menschen nicht besser als anderen. Gott führt sein Kind an nichts vorbei; aber mitten hindurch begleitet er es. Er lässt es nicht allein – auch das verdeutlicht dieses Licht.

Während der Vater des Täuflings oder eine andere Person die Taufkerze an der Osterkerze entzündet, wird der Geistliche diese symbolische Handlung mit einigen Sätzen erklären. Die Bedeutung dieses Lichts kann auch mit einem Gebet ausgedrückt werden; vielleicht mögen Sie ein solches Gebet nun laut sprechen:

„Unter dem Licht der Osterkerze lasst uns beten:
Großer Gott, du Licht der Welt,
du möchtest, dass auch wir Licht sind.
So hilf uns, den Suchenden einen Weg zu zeigen,
den Leidenden Trost zu sein, den Ängstlichen Hoffnung zu geben.

Dein Licht helfe uns, den Umherirrenden Heimat zu bieten
und den Einsamen Geborgenheit.
Dein Licht geben wir unserm Kind mit. Es erleuchte seinen Weg.
Es möge ihm zeigen, dass du die Dunkelheit hell machst.
Es möge ihm Kraft geben, selbst ein Licht zu sein."

Sie erkundigen sich im Vorfeld (beim Taufgespräch), woher Sie die Kerze bekommen, wer sie entzündet, wer sie trägt, wann sie wieder ausgemacht wird. Es gibt unterschiedliche Bräuche in den Gemeinden. So bieten einige z.b. Kerzen zum Kauf an, während sie andernorts von Eltern oder Paten besorgt werden.

• Haben Sie kleine Kerzen vorbereitet, können diese nun an die anwesenden Kinder (auch noch an Erwachsene) verteilt werden. Auf diese Menschen soll das Licht der Osterkerze ebenfalls strahlen. Diese Aktion kann mit der Bitte verbunden werden, mit lieben Gedanken bei dem getauften Kind zu sein, wann immer man die Kerze entzündet.

Taufkerzen sind zumeist mit Symbolen wie einer Taube, einem Kreuz, einem Fisch, dem A und O, einem Regenbogen oder einem Wassersymbol behaftet. Es bietet sich an, die Bedeutung dieser Zeichen nun zu erklären. Begründen Sie, warum Sie sich für eine Kerze mit gerade diesem Symbol entschieden haben. Erklärungshilfen finden Sie im Kapitel *Auswahl eines zentralen Symbols* (S. 21). Im folgenden Beispiel wird die Begründung direkt dem Täufling zugesprochen:

„Eine Kerze mit einem Regenbogen haben wir dich ausgesucht.
Über der Arche Noah stand dieser Regenbogen einst.
Gott zeigte damit:
Der Regen hat aufgehört,
ihr werdet festen Boden unter den Füßen finden.
Du, Noah, und deine Tiere,
ihr braucht euch nicht mehr zu fürchten.

Dieser Regenbogen strahle nun über deinem Leben.
Er soll dir zeigen,
dass Gott auch mit dir Frieden schließt,
dich aus allen Gefahren retten wird,

dass du geborgen bist.
Das Zeichen am Himmel bürgt dafür."

- „Basteln" Sie doch in den Wochen vor der Taufe selbst eine Taufkerze. Sie kann aus edlem Bienenwachs gezogen und/oder mit Symbolen (aus Wachs) verziert werden. Haben Sie sich dafür entschieden, dass ein bestimmtes Symbol über der gesamten Tauffeier steht, wie wir es im ersten Teil dieses Buches vorschlugen, so gehört dieses Symbol auch auf die Taufkerze.

Effata-Ritus

Dies ist der abschließende Taufritus. Wie auch die vorangegangenen erklärenden Handlungen (Sinnzeichen) ist der Effata-Ritus in der katholischen Kirche fester Teil des Taufritus, während er in der evangelischen Kirche sogar umstritten ist. Martin Luther allerdings hat diese alte Zeichenhandlung praktiziert und auch für seine Kirche vorgeschlagen.

Auf diese Heilungsgeschichte aus dem 7. Kapitel des Markusevangeliums beruft sich der Ritus:

Jesus nahm den Taubstummen beiseite, von der Menge weg, legte ihm die Finger in die Ohren und berührte dann die Zunge des Mannes mit Speichel. Danach blickte er zum Himmel auf, seufzte und sagte zu ihm: „Effata!", das heißt: „Öffne dich!" Sogleich öffneten sich seine Ohren, seine Zunge wurde von ihrer Fessel befreit und er konnte richtig reden.

Der Geistliche legt dem Kind die Hand auf die Ohren und auf den Mund, wie Jesus es beim Taubstummen tat. Er spricht dazu einen Text, der so oder ähnlich klingt:

„Wie Jesus mit dem Ruf „Effata" einem Taubstummen die Ohren und den Mund öffnete, so öffne er auch deine Ohren und deinen Mund. Dann kannst du den Ruf des guten Hirten hören und zu Gott und den Menschen über deinen Glauben sprechen und über alles, was dich bewegt."

- In vielen Gemeinden ist es üblich, dass auch Eltern (und Paten und Geschwister) das Kind jetzt berühren. Das macht Sinn. Sie sind es doch, die das Hören und Sprechen des Kindes in Zukunft beeinflussen werden. Zudem zeigt diese Geste: Unser zärtlicher Kontakt kann in der Nachfolge Jesu Ohren und Mund öffnen, aber auch die Augen und das Herz.

Folgenden Text können mehrere Personen abschnittweise sprechen, während Sie jeweils Ohren und Mund Ihres kleinen Lieblings berühren:

„Viele Botschaften werden auf dich prasseln,
öffne die Ohren für die bedeutenden.
Viele Ratschläge wird man dir geben,
öffne die Ohren für die hilfreichen.
Viele Rufe werden dich erreichen,
öffne die Ohren für die, denen du folgen darfst.

Manchmal wirst du dich nicht trauen, jemanden zu verteidigen,
öffne den Mund für die Angeklagten.
Manchmal wirst du keine Worte finden zu trösten,
öffne den Mund für dein Mitgefühl.
Manchmal wirst du es aufgeben, deine Anliegen vorzubringen,
öffne den Mund für deine Rechte."

Gute Wünsche und Segenstexte für das Kind

Die erklärenden Riten wie Salbung, Bekreuzigung oder Effata-Ritus sind typisch für die katholische Kirche. In den evangelischen Kirchen werden sie sehr sparsam eingesetzt oder ausgelassen. Sind im Anschluss an die Taufhandlung keine Zeichenhandlungen vorgesehen, mit denen man gute Wünsche und Segenstexte verbinden kann, so können Menschen aus dem Freundes- und Verwandtenkreis nun entsprechende Texte vorlesen.

„Gott versprach,
dich zu begleiten, jeden Tag deines Lebens.
So wünschen wir dir nun,
dass du den Begleiter siehst, wohin dein Weg auch führt.

Gott versprach,
dich zu umgeben, wo immer du bist.
So wünschen wir dir nun,
dass du seine Nähe spürst, überall auf der Welt.

Gott versprach,
dir einen Engel zu schicken, der dich behütet auf allen Wegen.
So wünschen wir dir nun,
dass du den Engel erkennst, in welcher Gestalt er auch kommt.

Gott versprach,
dich bei deinem Namen zu rufen, denn du bist sein.
So wünschen wir dir nun,
dass du seine Stimme erkennst, in welcher Sprache er dich auch ruft.

Gott versprach,
dir die Hand zu reichen, denn er ist dein Tröster.
So wünschen wir dir nun,
dass du seine Hand ergreifen kannst, denn du bist sein Kind.

Gott versprach,
dir ewigen Frieden zu schenken, denn er ist Anfang und Ende.
So wünschen wir dir nun,
dass du Frieden findest auf all deinen Wegen.

Wir wünschen dir Gottes reichen Segen!"

Die folgenden Möglichkeiten bringen Bewegung in das Vortragen der
Wünsche. Über solche Vorhaben muss aber frühzeitig (mit der Einladung) informiert werden, damit die Gäste sich vorbereiten. Aktionen aus
dem Stehgreif bewirken eher Verlegenheit:

- Die Anwesenden sprechen nacheinander einen Wunsch oder einen
  Satz aus der Bibel. Sie bilden dazu einen Kreis („Schutzkreis") um
  das Kind oder treten nacheinander vor und legen die Hand auf.
- Wurde ein ausgeschnittenes Symbol mit aufgeschriebenem Wunsch
  vorher verteilt, werden die Zettel jetzt nach vorn getragen, verlesen
  und auf einem Hintergrund sichtbar angebracht (vgl. ab S. 21):

- Ist das Symbol ein Baumblatt, wird es jetzt an ein Bäumchen gehängt.
- Aus einzelnen Blütenblättern entstehen Blumen, aus Schäfchen eine Herde, aus Tauben eine Schar, aus Schmetterlingen ein ganzer Schwarm.
- Gelbe Streifen werden zu Sonnenstrahlen, indem sie um einen hellen Punkt angebracht werden.
- Die gelben Sterne verteilt man am Nachthimmel, der aus einem blauen Tuch gebildet wird oder als schwarze Folie an der Wand hängt.
- Die blauen Wölkchen finden auf einem helleren Hintergrund einen Platz.

Die Wünsche müssen nicht „fromm" sein, wie folgendes Beispiel zeigt:

Als das Brüderchen eines Kindergartenkindes getauft wurde, überlegten sich die Kinder diese Wünsche. Sie wurden von Erzieherinnen auf Papierhände geschrieben und zur Taufe vorgebracht:

„Ich wünsche dir ...
... liebe Eltern.
... ein schönes Kinderzimmer.
... dass du bald ins Kino darfst.
... dass du ganz stark wirst.
... viele Blumen in deinem Garten.
... dass jemand mit dir ins Schwimmbad geht, wenn es heiß wird.
... ein weiches Kuscheltier."

Die Eltern freuten sich über dieses Geschenk und die Hände schmücken nun die Wand des Kinderzimmers.

- Beachten Sie im Textteil die *Wünsche und Segenstexte* (S. 111).

Familiensegen / Segnung der Eltern

Mit dem Einzug in die Kirche haben wir symbolisch einen „Prozessionsweg" durch die Kirche begonnen. Er wird jetzt fortgesetzt. Vom Taufbecken zieht man zum Altar oder direkt zurück zu den Plätzen. Die brennende Taufkerze wird vorausgetragen, evtl. wird ein Lied dazu gesungen.

Die Eltern werden mit dem Kind und ggf. mit seinen Geschwistern an den Altar gebeten. Hier empfangen sie den Elternsegen bzw. Familiensegen. In manchen Gemeinden ist es Brauch, dass die Eltern sich dazu niederknien. Unter Handauflegung spricht der Geistliche einen Segen. Weitere Personen, die den Eltern nahestehen, wie z.b. die Großeltern, können die Segensformel mit eigenen Worten ergänzen.

So leiteten zwei Personen aus dem Freundeskreis den Segen ein:

I   „Wir standen schon als Trauzeugen an eurer Seite hier am Altar.
     Heute stehen wir mit Segenswünschen vor euch."
II   „Gott erhalte euch die Kraft, euch und euer Kind zu lieben,
     wie er euch liebt."

I   „So wie Gottes Liebe sich vielfältig zeigt, schenke er euch
     die Fantasie, eure Liebe immer wieder neu zu beweisen."
II   „Wie er seine Hand über euch hält,
     lasse er euch Schutzengel füreinander sein."
I   „Er erhalte euer Vertrauen, er helfe euch, zu vergeben,
     er ermutige euch, eine starke Familie zu sein."

(Die Segensformel des Geistlichen schließt sich an.)

Das folgende Beispiel wurde vom Geistlichen (G) im Wechsel mit der „Oma" (O) gesprochen:

O   „Segen, das ist alles erdenklich Gute aus Gottes Hand."
G   „Gott segne euch als Mann und Frau."
O   „Er lasse eure Hoffnungen in Erfüllung gehen;
     er unterstütze eure Zukunftspläne."
G   „Eure Liebe festige er täglich neu."
O   „Mit Enttäuschungen lasse er euch nicht allein."
G   „Wunden lasse er schnell heilen und die Narben möge er salben."
O   „Er gebe euch als Vater und Mutter immer wieder Kraft, Mut
     und Fantasie zu einer Erziehung, die eurem Kind Wurzeln gibt
     und gleichzeitig Flügel verleiht."
G   „So segne euch als Familie der allmächtige, barmherzige Gott,
     der Vater, der Sohn und der Heilige Geist. Amen."

Lied
(Dank- / Segens- / Schlusslied)

Als Abschluss des Taufteils kann man sich mit einem Lied an das getaufte Kind wenden. Hier passen so beliebte Lieder wie:

- *Du bist du, vergiss es nie*
- *Ich wünsch dir sehr, dass dein Leben gelingt*
- *Jedes Kind braucht einen Engel*
- *Gott segne dich*
- *Sei behütet*
- *Kinder (Sind so kleine Hände)*

Diese Lieder (und weitere) habe ich im Kapitel *Lieder* (S. 94) unter „Vortragslieder" eingeordnet. Es sind Lieder, die Eltern und Paten immer wieder
wünschen, die aber für den gemeinsamen Gesang nur geeignet sind, wenn
die Taufgesellschaft aus geübten Sängern und Sängerinnen besteht. Ich
empfehle Ihnen, solches Lied solo oder von einem kleinen Kreis guter
Sänger und Sängerinnen vorgetragen zu lassen.

Feiern mehrere Kinder mit, empfiehlt sich zum gemeinsamen Singen ein
einfaches Lied, das Kinder anspricht und sie mitsingen können, z.B.:

- *Weißt du, wie viel Sternlein stehen (Choral aus dem 19. Jahrhundert)*
- *Der Himmel geht über allen auf (Kanon)*
- *Kindermutmachlied (Wenn einer sagt, ich mag dich, du)*
- *Er hält die ganze Welt in seiner Hand*

Passend sind hier auch Gesangbuchlieder, die dankend/lobend den
Taufteil abschließen bzw. den bevorstehenden letzten Gottesdienstteil
„Sendung und Segen" einleiten:

- *Nun schreib ins Buch des Lebens*
- *Gott gab uns Atem, damit wir leben*
- *Lobe den Herren, den mächtigen König der Ehren*
- *Nun danket all und bringet Ehr*
- *Nun saget Dank und lobt den Herrn*
- *Bewahre uns, Gott, behüte uns, Gott*

- *Komm, Herr, segne uns*
- *Herr, wir bitten: Komm und segne uns (in EG- und GL-Anhängen)*
- *Ich möchte, dass einer mit mir geht*

Prüfen Sie aber auch die schon vorher gesungenen Lieder. Oft eignet sich ein Lied (oder die letzte Strophe) sehr gut als Schlussgesang. Dadurch haben Sie den Effekt, dass die Melodie schon bekannt ist und kräftig mitgesungen werden kann. Singen Sie z.B.:

- *Ausgang und Eingang*
- *Du hast uns, Herr, gerufen (Wenn wir jetzt weitergehen): 2. Teil*
- *Ins Wasser fällt ein Stein*
- *Halte zu mir, guter Gott*

SENDUNG UND SEGEN

Der vierte Hauptteil des Taufgottesdienstes

1. Eröffnung und Anrufung
2. Verkündigung / Wortgottesdienst
3. Sakrament
4. Sendung und Segen

Aus den Briefen des Neuen Testaments lernen wir, dass das ganze Leben „Gottesdienst" ist. Mit dem letzten Hauptteil des „Gottesdienstes im Kirchsaal" denken wir an den „Gottesdienst im Alltag". Wir beten für die Menschen in der Welt und erhalten durch den Segen Kraft für das Leben draußen, in das wir nun gesandt werden.

Dank- und Fürbittengebet / Vaterunser

In der Evangelischen Kirche stehen an dieser Stelle die Fürbitten. Wir haben sie entsprechend der katholischen Weise weiter oben behandelt. Falls dort nur für das Kind und die Familie gebetet wurde, sollten nun einige Bitten für die Menschen „draußen" eingefügt werden. Dabei vergessen wir diejenigen nicht, die in der Welt besondere Not leiden. Gerade an einem für uns so glücklichen Tag sollten wir auch an die bedrückten, leidenden, flüchtenden „Menschenkinder" dieser Welt denken. Als Christen sind wir überzeugt, dass Gott unsere Bitten erhört. Er wird sie auf seine Weise erfüllen. Schon zu biblischen Zeiten wurde für Kranke, Gefangene, die Regierenden, Apostel und Märtyrer, ja für alle Menschen, die der Fürbitte bedürfen, gebetet. Selbst Feinde und Verfolger ließ man nicht aus.

In der katholischen sowie der evangelischen Kirche wird natürlich noch das Vaterunser gebetet, das Gebet der Christenheit, mit dem Jesus uns das Beten lehrte, wie wir dem Matthäusevangelium entnehmen können. Selten wird es schon vor dem eigentlichen Taufritus gebetet, da das Kind nun erst (und mit ihm Eltern und Paten) Gott seinen „Vater" nennen kann. Das Vaterunser kann mit einem „Augenblick der Stille" eingeleitet werden, in dem jeder seine ganz persönlichen Bitten vor Gott trägt.

• Es ist überliefert, dass in der frühen Christenheit dem Vaterunser ein „Friedenskuss" oder zumindest eine Umarmung der Mitfeiernden folgte. Aus dem „Kuss" wurde im Lauf der Zeit ein „Händereichen". Möchte man nun diese aussagekräftige, verbindende Geste zeigen, so kann das gesamte Vaterunser gebetet werden, indem sich alle Gäste an den Händen fassen und zu einer Menschenkette verbinden bzw. sich gegenseitig die Hände auf die Schulter legen. Diese Handlung ist Ausdruck der Freude, der Gemeinschaft. Ein „Friedenswunsch" ist sie auch und eine Geste der Versöhnung. So entspricht sie der fünften Vaterunserbitte: „Vergib uns unsere Schuld, wie auch wir vergeben ..."

Segen

Erst seit dem 11. Jahrhundert beschließt ein allgemeiner Segen jeden Gottesdienst, also ein Segen, der allen anwesenden Personen gilt. Dies

war und ist in der katholischen Kirche in erster Linie der „Trinitarische
Segen". Die Silbe „tri" heißt „drei"; dies ist also der Segen des „dreieinigen Gottes", Vater, Sohn und Heiliger Geist:

„Es segne und behüte euch
der allmächtige und barmherzige Gott,
der Vater, der Sohn und der Heilige Geist!"

In der evangelischen Kirche ist die trinitarische Formulierung durchaus
auch gebräuchlich. Doch vorherrschend ist hier der „Aaronitische Segen", den Martin Luther als Schlusssegen vorschlug. Er ist benannt nach
dem Mosebruder Aaron und stammt aus dem 4. Buch Mose (6,24-26):

„Der Herr segne dich und behüte dich;
der Herr lasse sein Angesicht leuchten über dir und sei dir gnädig;
der Herr hebe sein Angesicht über dich und gebe dir Frieden!"

Der Segen verdeutlicht, dass wir Menschen nicht alles von uns selbst
erwarten müssen, sondern dass hinter allen Dingen ein Geber steht, auf
den wir vertrauen dürfen. Unter seinen Schutz, seine Kraft und seinen
Herrschaftsbereich werden wir nun ausdrücklich gestellt.

● Die biblischen Segenstexte können entfaltet werden; d.h. man erweitert
  sie mit zusätzlichen Worten. Diese Texteinschübe bewirken, dass der
  Segen nicht so schnell vorbeirauscht und man so bei den einzelnen Aussagen verweilen kann. Neben dem leitenden Geistlichen, der den Segen
  zuspricht, sollten die Texteinschübe von einer weiteren Person gelesen
  werden. Dies kann jemand aus der Taufgesellschaft tun.

Der Trinitarische Segen entfaltet

„Es segne dich
        mit allem Guten für deine Seele,
        deinen Geist und deinen Leib
und behüte dich
        auf allen deinen Wegen
der allmächtige Gott,
        der dich in diese Welt schickte,

der barmherzige Gott,
   der dich trägt, wenn deine Kräfte versagen,
der Vater,
   der immer schon da war,
   der Ursprung allen Seins,
der Sohn,
   der Mensch wurde, um dir nahe zu sein,
der Heilige Geist,
   der als gute Kraft dein Leben bereichert,
   der bei dir war, ist und immer bei dir sein wird. Amen."

Der Aaronitische Segen entfaltet

„Der allmächtige Gott,
   der dich in diese Welt schickte und am Ziel stehen wird,
   um dich zu empfangen,
segne dich,
   dass du auf deinen Wegen seine Kraft und Liebe spürst.
Er behüte dich,
   dass seine Engel dich schützend umgeben in jeder Gefahr.
Er lasse sein Angesicht leuchten über dir,
   dass sein Licht dir stets einen Weg zeige.
Und er sei dir gnädig,
   dass du jeden Tag unbeschwert beginnen kannst.
Er erhebe sein Angesicht auf dich,
   damit du ihn erkennst in Freude und Leid.
Und er schenke dir seinen Frieden,
   dass du in Einklang lebst mit den Menschen,
   der Natur und seinem Geist.
So gehe unter Gottes reichem Segen. Amen."

- Den Segen empfängt man im Auftrag Gottes durch die Geistlichen.
  Lassen Sie es an sich geschehen. Bei evangelischen und katholischen
  Christen macht es gleichermaßen Sinn, wenn die Gottesdienstteilneh-
  mer/innen dem Mitmenschen während des Segens die Hand auf die
  Schulter legen, sich im Anschluss selbst bzw. gegenseitig bekreuzi-
  gen. Vielleicht mögen Sie dies zumindest bei den Kindern tun.

Den abschließenden Segen sollte man so stehen und wirken lassen. Es folgt danach lediglich das musikalische Nachspiel. Hat man noch Informationen an die versammelte Schar weiterzugeben, so tue man dies schon vor dem Segen.

Musikalisches Nachspiel

Im sonntäglichen Gottesdienst lädt das musikalische Nachspiel entweder zur stillen Schlussbesinnung ein, bei der alle noch auf den Plätzen sitzen bleiben, oder es begleitet die Menschen auf dem Weg hinaus. Bei Taufgottesdiensten findet zum Nachspiel zumeist der feierliche Auszug der Geistlichen und der Familie statt. Es ist also „Prozessionsmusik". Wenn nicht anders abgesprochen, so erkennen Sie an der Haltung der Geistlichen, ob Sie nun noch still verweilen oder sich zum Auszug aufmachen.

Kollekte / Dankopfer

Zu den Gottesdiensten der frühen Christenheit brachte man Lebensmittel mit, die dann an die Armen verteilt wurden. Daraus wurde im Lauf der Zeit die Geldspende, die am Ausgang oder während der Feier für Bedürftige bzw. für einen guten Zweck eingesammelt wird. Sie zeigt, dass zum Christsein das Teilen gehört. Gerade bei diesem Freudenfest – der Taufe – darf diese Geste der Mitmenschlichkeit und Verantwortung nicht fehlen. Informieren Sie sich schon beim Taufgespräch, für welchen Zweck die Sammlungsgelder bestimmt sind. Klären Sie, ob Sie den Zweck mitbestimmen können; die Kirchengemeinde selbst wird gleichfalls Vorschläge machen.

Jeder Gast soll wissen, wofür die Geldspende erbeten wird!
Falls Sie ein Liedblatt (bzw. ein Blatt mit dem Ablauf der Taufe) erstellen und auslegen, sollten Sie darin den Bestimmungszweck der Geldsammlung aufführen. Bitten Sie ansonsten den Pastor bzw. die Pastorin, den Bestimmungszweck der Sammlung deutlich bekannt zu geben. Denn wenn Ihren Gästen der Klingelbeutel oder das Kollektenkörbchen vorgehalten wird, sollten sie wissen, wofür sie spenden.

- Liegt Ihnen ein Kollektenzweck besonders am Herzen? Haben Sie ihn aus einer Liste ausgewählt oder sogar allein bestimmt? Dann wäre es schön, wenn Sie dies im Taufgottesdienst selbst bekannt geben. Damit zeigen Sie eindrücklich, dass Sie mitten in Ihrem Glück die Ärmsten der Welt nicht vergessen.

In den folgenden beiden Beispielen lesen der Vater und die Mutter des Täuflings den Text im Wechsel vor. Die Bekanntgabe kann natürlich auch von nur einem Elternteil oder anderen Taufgästen übernommen werden:

Vater:	„Am Ausgang steht ein Kollektenkörbchen. Wenn ihr mögt, tut eine Geldspende hinein. Es ist gute christliche Tradition, mitten in der Freude notleidende Menschen nicht zu vergessen."
Mutter:	„Vor einigen Monaten sahen wir im Fernsehen einen Bericht über eine Kinderkrebsklinik. Das Leid der Kinder hat uns sehr bewegt."
Vater:	„Also haben wir mit dem Pfarrer besprochen, dass das gesammelte Geld, für die Arbeit dieser Kinderklinik bestimmt ist."
Mutter:	„Wir werden es weiterleiten. Herzlichen Dank im Namen der betroffenen Kinder!"

Oder so:

Vater:	„Wir alle haben in den letzten Tagen die Berichte über die Unwetterkatastrophe in Mittelamerika gesehen und gelesen."
Mutter:	„In unserem Glück wollen wir die Menschen nicht vergessen, die dort ohne Dach über dem Kopf versuchen zu überleben."
Vater:	„Das Geld, das am Ausgang in den Opferkorb geworfen wird, übergeben wir daher der Hilfsorganisation ..., die die Menschen unterstützt. Herzlichen Dank im Namen dieser Menschen!"

2. Sprüche – Lieder Fürbitten – Lesetexte

Bibelverse / Taufsprüche

Es gibt verschiedene Bibelübersetzungen. In den Kirchen der Reformation wird Wert auf die Lutherübersetzung bzw. die Zürcher Bibel gelegt. In der katholischen Kirche herrscht die Einheitsübersetzung vor. Die Gute Nachricht, die Bibel in heutigem Deutsch, ist in beiden Konfessionen verbreitet. In verschiedenen Übersetzungen können gleiche Bibelsprüche unterschiedlich lauten. Ich habe die biblischen Texte in diesem Buch im Wesentlichen auf Grundlage der hebräischen bzw. griechischen Urtexte formuliert. Lassen Sie sich bei der Auswahl und Formulierung von Ihren Geistlichen beraten. Die Sprüche sind hier nicht thematisch, sondern entsprechend der biblischen Bücher geordnet. Am Anfang stehen also Verse aus den fünf Büchern Mose: Genesis (1. Buch Mose), Exodus (2. Mose), Levitikus (3. Mose), Numeri (4. Mose) und Deuteronomium (5. Mose):

Altes Testament
- *Ich werde dich segnen und man wird erkennen, dass du gesegnet bist. Du sollst ein Segen sein. (Genesis 12,2)*
- *Gott, der Herr, wird dir seinen Engel mitgeben und deinen Weg gelingen lassen. (Genesis 24,40)*
- *Und Gott erschien im Dunkeln und sprach: Ich bin der Gott Abrahams. Fürchte dich nicht. Denn ich bin bei dir mit meinem Segen. (Genesis 26,24)*
- *Gott spricht: Siehe, ich sende einen Engel vor dir her, damit er dich behüte auf dem Wege und dich führe an den Ort, den ich für dich bestimmt habe. (Exodus 23,20)*
- *Gott spricht: Ich sende einen Engel. Er geht dir voran und vertreibt alle deine Feinde. (Exodus 33,2)*

- Gott lasse sein Angesicht über dir leuchten und sei dir gnädig. Er wende dir sein Angesicht zu und schenke dir Frieden. (Numeri 6,25.26)
- Es sei dir stets bewusst, dass es der allmächtige Gott ist, der dir Kraft verleiht. (Deuteronomium 8,18)
- Wie ich Mose stark gemacht habe gegen alle Feinde, so werde ich auch an deiner Seite sein. Ich werde dich nicht loslassen oder dich gar verlassen. (Josua 1,5)
- Ich sage dir: Sei stark und guten Mutes, habe keine Angst, lass dich nicht verwunden und zerbrich nicht, denn Gott ist doch bei dir, wohin du auch gehst. (Josua 1,9)
- Blicke nicht auf das Äußere, denn Gott sieht nicht, worauf ein Mensch schaut. Der Mensch blickt auf die äußere Erscheinung; doch Gott sieht das Herz. (1. Samuel 16,7)
- Gott beschenkt mich mit Kraft und weist mir den rechten Weg. (2. Samuel 22,33)
- Der Gott liebt, ist wie ein Baum, gepflanzt an Wasserbächen, der seine Frucht bringt zu seiner Zeit und dessen Blatt nicht verwelkt; und alles, was er tut, gelingt. (Psalm 1,2.3)
- Mit meinem Gott springe ich über Mauern. (Psalm 18,30)
- Gott ist mein Hirte, mir wird nichts mangeln. (Psalm 23,1)
- Gott hat mein Haupt mit Öl gesalbt. Güte und Barmherzigkeit werden mir nun folgen ein Leben lang. Und ich werde für immer bei Gott zu Hause sein. (Psalm 23,5.6)
- Gott ist mein Licht und meine Rettung. Vor wem sollte ich mich fürchten? Er ist meines Lebens Kraft, vor wem sollte mir grauen? (Psalm 27,1)
- Wer Gott missachtet, wird viel Kummer haben; aber wer ihm vertraut, wird von Güte umgeben sein. (Psalm 32,10)
- Wie köstlich ist deine Güte, Gott. Daher finden wir Menschenkinder Zuflucht im Schatten deiner Flügel. (Psalm 36,8)
- Schreie zu mir, wenn du in Bedrängnis gerätst. Ich hole dich da raus und du wirst mich loben. (Psalm 50,15)
- Meine Seele vertraut still auf Gott, der mir hilft. (Psalm 62,2)
- Meine Zuversicht bist du, mein Gott, du bist meine Hoffnung von Jugend an. (Psalm 71,5)
- Ich gehöre stets zu dir, großer Gott; denn du hast meine Hand ergriffen und hältst mich. (Psalm 73,23)
- Der Schar seiner Engel über dir hat er befohlen, dich zu behüten auf allen deinen Wegen. (Psalm 91,11)

– Dein Wort ist ein Licht für meinen Fuß, meinen Weg macht es hell. *(Psalm 119,105)*
– Gott wird nicht zulassen, dass dein Fuß ausgleitet, denn der dich behütet, ist stets wach. *(Psalm 121,3)*
– Kinder sind uns von Gott übergeben, die Frucht des Leibes ist sein Geschenk. *(Psalm 127,3)*
– Der große Gott ist nahe allen, die nach ihm rufen, allen, die ihn ernstlich ersehnen. *(Psalm 145,18)*
– Aus einem Menschenherz sprudeln viele Pläne; doch Gott spricht das letzte Wort darüber. *(Sprichwörter 16,1)*
– Die auf Gott warten können, schöpfen neue Kraft, ihnen wachsen Flügel wie Adler. Sie laufen und werden nicht müde, sie gehen und ermatten nicht. *(Jesaja 40,31)*
– Gott spricht: Ich halte dich bei der Hand und sage: Fürchte dich nicht. *(Jesaja 41,13)*
– Gott spricht: Ich ergreife deine Hand und behüte dich. *(Jesaja 42,6)*
– Und nun spricht der Herr, der dich geschaffen hat: Fürchte dich nicht, denn ich habe dich erlöst. Ich habe dich bei deinem Namen gerufen; du bist mein. *(Jesaja 43,1)*
– Gott verspricht: Ich bleibe derselbe, so alt du auch wirst; bis ins Greisenalter will ich dich tragen. Ich habe es stets getan und werde dich weiterhin schleppen und retten. *(Jesaja 46,4)*
– Gott verspricht: Ich vergesse dich niemals. Ich habe dich eingezeichnet in meine Hände. *(Jesaja 49,15.16)*
– Berge mögen weichen und Hügel mögen zu wanken beginnen, aber meine Güte wird nicht von dir weichen und mein Friedensbund wird nicht wanken, spricht Gott, der dich liebt. *(Jesaja 54,10)*
– Wer auf Gott vertraut, wird sein wie ein Baum, der am Wasser gepflanzt ist und seine Wurzeln zu den Bächen ausstreckt. Er muss die Hitze nicht fürchten, denn seine Blätter bleiben grün. *(Jeremia 17,7.8)*
– Gott spricht: Ich will für dich wie Tau sein. Du wirst blühen wie eine Lilie und deine Wurzeln tief einsenken. *(Hosea 14,6)*

Apokryphen (Spätschriften des Alten Testaments)
– Du wirst gedeihen wie eine Zeder, die am Wasserlauf wächst. Du wirst Duft verströmen wie der Weihrauch und Blüten treiben wie die Lilie. *(Jesus Sirach 39,13.14)*

Neues Testament

- Bitte, so wird dir gegeben; suche, so wirst du finden; klopfe an, so wird dir aufgetan. (Matthäus 7,7)
- Wer vor den Menschen so klein und unbedeutend wie dieses Kind dastehen mag, der ist in Gottes Welt der Größte; und wer ein solches Menschenkind in meinem Namen aufnimmt, der nimmt mich auf. (Matthäus 18,4.5)
- Du sollst deinen Gott lieben von ganzem Herzen und mit deiner ganzen Seele und mit deinem ganzen Gemüt und mit all deiner Kraft. (Markus 12,30)
- Jesus sprach: Ich bin das Licht der Welt. Wer mir nachfolgt, wird nicht in der Finsternis wandeln, sondern das Licht des Lebens haben. (Johannes 8,12)
- Ich bin überzeugt, dass weder Tod noch Leben, weder Engel noch böse Mächte, weder Gegenwärtiges noch Zukünftiges, weder Hohes noch Tiefes noch irgendein anderes Geschöpf uns trennen kann von der Liebe Gottes, die besiegelt ist durch Jesus Christus. (Römer 8,38.39)
- Die Liebe ist langmütig und gütig, die Liebe beneidet nicht, sie prahlt nicht, sie bläht sich nicht auf. (1. Korinther 13,4)
- Liebe ist nie unanständig, sie ist nie egoistisch, sie lässt sich nicht erbittern, sie trägt das Böse nicht nach. (1. Korinther 13,5)
- Liebe freut sich nicht über Ungerechtigkeit, sie erfreut sich aber an der Wahrheit. (1. Korinther 13,6)
- Nun aber bleiben Glaube, Hoffnung, Liebe, diese drei; die Größte aber von diesen ist die Liebe. (1. Korinther 13,13)
- Du, Kind Gottes, strebe nach Gerechtigkeit, Gottseligkeit, nach Glauben, Liebe, Geduld und einem sanften Gemüt. (1. Timotheus 6,11)
- Gott hat uns nicht den Geist der Furcht gegeben, sondern der Kraft, der Liebe und der Besonnenheit. (2. Timotheus 1,7)
- Liebe beweist sich nicht in Worten oder Lippenbekenntnissen, sondern in Taten und der Wahrheit. (1. Johannes 3,18)
- Gott ist Liebe, und wer die Liebe lebt, der bleibt in Gott und Gott in ihm. (1. Johannes 4,16)
- Furcht ist nicht in der Liebe, sondern die vollkommene Liebe treibt Furcht aus. (1. Johannes 4,18)
- Lasst uns einander lieb haben, denn Gott hat uns zuerst geliebt. (1. Johannes 4.19)

Biblische Engelsprüche

– Gott, der Herr, wird dir seinen Engel mitschicken und deine Reise gelingen lassen. *(Genesis 24,40)*
– Gott spricht: Ich werde einen Engel schicken, der dir vorausgeht. Er soll dich auf dem Weg schützen und dich an den Ort bringen, den ich bestimmt habe. *(Exodus 23,20)*
– Gott sprach zu Mose und spricht so zu dir: Ich sende einen Engel, der dir vorangeht. *(Exodus 33,2)*
– Gott hat seinen Engeln befohlen, dich zu behüten auf allen deinen Wegen. *(Psalm 91,11)*
– Alle, die Gott gehorchen, umgibt sein Engel mit mächtigem Schutz und bringt sie in Sicherheit. *(Psalm 34,8)*
– Der Engel spricht: Sei gegrüßt. Gott ist mit dir, er hat dich zu Großem ausersehen. *(Lukas 1,28)*
– Der Engel Gottes spricht: Fürchte dich nicht. Gott reicht dir seine Hand. *(Lukas 1,30)*
– Der Engel Gottes spricht: Für Gott ist nichts unmöglich. *(Lukas 1,37)*

Zitate

Klären Sie mit Ihren Geistlichen, inwieweit ein solcher Vers, der nicht aus der Bibel stammt, als Taufspruch gewählt werden kann. Lesen Sie dazu das Kapitel *Die Auswahl des Taufspruches* (S. 29).

– Ein Engel ist jemand, den Gott dir ins Leben schickt, unerwartet und unverdient, damit er dir, wenn es dunkel ist, ein paar Sterne anzündet. *(Phil Bosmans)*
– Kinder sind Boten des Glücks. *(aus China)*
– Wenn wir wahren Frieden in der Welt erlangen wollen, müssen wir bei den Kindern anfangen. *(Mahatma Gandhi)*
– Unser Glück und Seelenfrieden beruhen darauf, dass wir tun, was wir für richtig und angemessen halten, und nicht, was andere sagen oder tun. *(Mahatma Gandhi)*
– Wir können Kinder nicht nach unserem Sinne formen; so wie Gott sie uns gab, so muss man sie haben und lieben. *(Johann Wolfgang von Goethe)*

- *Nur wer erwachsen wird und Kind bleibt, ist ein wahrer Mensch.*
  (Erich Kästner)
- *Wer einen Menschen liebt, setzt für immer seine Hoffnung auf ihn.*
  (Gabriel Marcel)
- *Wo Kinder sind, da ist ein goldenes Zeitalter. (Novalis)*
- *Gott will, dass du stolz und aufrecht bleibst in allem Tun und immer ein*
  Mensch mit fröhlichen Augen und fließenden Gliedern.
  (aus: Der Papalagi – Reden des Häuptlings Tuiavii)
- *Das Lebensglück erblüht nur in Zärtlichkeit. (Roger Moser)*
- *Mit einer Kindheit voll Liebe kann man ein ganzes Leben lang aushalten.*
  (Jean Paul)
- *Die Freude und das Lächeln der Kinder sind der Sommer des Lebens.*
  (aus Persien)
- *Alle Liebe, die einmal gesät wird, geht einmal auf; es ist nichts umsonst.*
  (Gertrudis Reimann)
- *Du bist zeitlebens für das verantwortlich, was du dir vertraut gemacht*
  hast. (Antoine de Saint-Exupéry)
- *Ein Mensch sieht nur mit dem Herzen gut, alles Wesentliche ist dem*
  Auge verborgen. (Antoine de Saint-Exupéry)
- *Jedes Kind bringt die Botschaft, dass Gott die Lust am Menschen noch*
  nicht verloren hat. (Rabindranath Tagore)

Lieder

Liedvorschläge und Hinweise zum Fundort der Lieder
EG steht für *Evangelisches Gesangbuch* – *GL* ist die Abkürzung für
Gotteslob (das katholische Kirchengesangbuch). Manche Lieder sind
nur in verschiedenen „Anhängen" dieser Gesangbücher zu finden, d.h.
in evangelischen „Landeskirchlichen Liedteilen" bzw. in „Eigenteilen"
der katholischen Bistümer. Die Bezeichnung *ML* steht für *Modernes
Liedgut*; es sind weitgehend bekannte Lieder, die Sie in vielen neueren
Liederbüchern und -heften finden.

- Auf der Webseite *www.frank-maibaum.de* finden Sie unter „Service
  zum Taufbuch" Beschreibungen zu diesen Liedern sowie Texte und
  Weblinks zu Hörproben.

Leichte Lieder zum Mitsingen – auch Kindern zumeist bekannt
- *Er hält die ganze Welt in seiner Hand –*
- *He's got the whole world in his hands (ML)*
- *Danke für diesen guten Morgen (EG 334)*
- *Gottes Liebe ist so wunderbar (ML)*
- *Unser Leben sei ein Fest (in verschiedenen EG- und GL-Anhängen)*
- *Du hast uns, Herr, gerufen (EG 168,1-3/GL 505)*
- *Kindermutmachlied – Wenn einer sagt, ich mag dich, du (ML)*
- *Halte zu mir, guter Gott (ML)*
- *Ins Wasser fällt ein Stein (ML und EG-Anhänge)*
- *Heut ist ein Tag, an dem ich singen kann (ML)*
- *Wir singen vor Freude, das Fest beginnt (ML)*
- *Wo zwei oder drei in meinem Namen versammelt sind*
  (in EG- und GL-Anhängen)
- *Das wünsch ich sehr, dass immer einer bei mir wär (ML)*
- *Ausgang und Eingang (EG 175)*
- *Der Himmel geht über … (in EG- und GL-Anhängen)*
- *Lobet und preiset … (EG 337/GL 282)*

Segenslieder – zur Taufhandlung und zum Abschluss
- *Und bis wir uns wiedersehen (irisches Segenslied, ML)*
- *Bewahre uns, Gott, behüte uns, Gott (EG 171/GL-Anhänge)*
- *Gott, dein guter Segen ist wie ein großes Zelt (ML)*
- *Komm, Herr, segne uns (EG 170/GL-Anhänge)*
- *Herr, wir bitten: Komm und segne uns (in EG- und GL-Anhängen)*
- *Ich möcht, dass einer mit mir geht (EG 209/ML)*
- *Vertraut den neuen Wegen (EG 395/ML)*
- *Wenn wir jetzt weitergehen, dann sind wir nicht allein*
  (EG 168,4-6/Gotteslob 514)

Vortragslieder
(oder für gute Sänger zum gemeinsamen Gesang)
- *Kinder – Sind so kleine Hände (Bettina Wegner)*
- *Jedes Kind braucht einen Engel (Klaus Hoffmann)*
- *Du bist Du – Vergiss es nie (Jürgen Werth)*
- *Ich wünsch dir sehr, dass dein Leben gelingt (Manfred Siebald)*

Alte, bekannte Kirchenlieder
Choräle / Gesangbuchlieder
- *Liebster Jesu, wir sind hier (mit Tauftext: EG 206/GL 520)*
- *Fest soll mein Taufbund immer stehn (GL-Anhänge)*
- *Nun schreib ins Buch des Lebens (EG 207*
- *Ich bin getauft auf deinen Namen (EG 200)*
- *Weißt du, wie viel Sternlein stehen (EG 511)*
- *Nun saget Dank und lobt den Herren (EG 294/GL269)*
- *Nun danket all und bringet Ehr (EG 322/GL 267)*
- *Nun danket alle Gott (EG 321/GL 266)*
- *Lobe den Herren (EG 317/GL 258)*
- *Großer Gott, wir loben dich (EG 331/GL257)*
- *Nun jauchzt dem Herren, alle Welt (EG 288/GL 474)*
- *Gott gab uns Atem, damit wir leben (EG 432/GL-Anhänge)*
- *Komm her, freu dich mit uns (GL 519)*
- *Kommt herbei, singt dem Herrn (EG-Anhänge/GL 270)*

Fürbitten

Auf S. 54 finden Sie ein fertiges Fürbittgebet. Hier sind nun einzelne Gebetsanliegen als „Bausteine", mit denen Sie ein eigenes Gebet zusammenstellen können. Wählen Sie aus oder lassen Sie sich dadurch zu eigenen Formulierungen anregen. Umrahmt werden die ausgesuchten Bitten mit einer Anrede wie z.B. „Großer Gott", „Herr im Himmel", „Allmächtiger Gott", „Vater im Himmel" und dem „Amen" als Abschluss.

„Wir bitten dich für dieses Kind,
- dass es viel Liebe durch die Menschen empfängt,
- dass es auch in schweren Zeiten immer wieder Hoffnung findet,
- dass es niemals sagen muss, keiner ist da, der mich versteht,
- dass stets Menschen da sind, die zuhören können,
- dass Menschen da sind, die seinen Glauben stärken,
- dass es offen ist für deine Frohe Botschaft und darin Hilfe für sein Leben findet,
- dass es deinen Segen spürt und ein Segen für andere Menschen sein kann.

Wir bitten für die Eltern und Paten,
- dass sie sich der Verantwortung für ihr Kind stets bewusst bleiben,
- dass sie ihm im Glauben und Leben ein gutes Vorbild sind,
- dass sie ihm so viel Halt geben wie nötig und so viel Freiheit wie möglich,
- dass sie stets genug Kraft, Mut und Fantasie für eine gute Erziehung finden,
- dass ihr Verhältnis zueinander geprägt ist vom Geist der Liebe.

Wir bitten dich für uns alle,
- lass uns der Verantwortung bewusst sein, die wir für diese Welt haben,
- lass uns den Kindern eine Welt übergeben, in der sie gut und gerne leben mögen,
- befreie uns von Egoismus, Machtstreben, Argwohn und Missgunst,
- lass uns aus deinem Segen Kraft für ein christliches Miteinander schöpfen,
- dass wir Kindern deine Botschaft glaubwürdig vorleben,
- dass wir uns einsetzen für Mitmenschlichkeit und gegen Ungerechtigkeit.

Für alle Menschen, die Verantwortung tragen, bitten wir,
- lass sie weise Entscheidungen fällen, die den Menschen und der Welt guttun,
- lass sie Entscheidungen fällen, die ermutigen gegen alle Resignation,
- lass sie im Geist der Gemeinschaft handeln, der Grenzen niederreißt,
- führe sie auf den Weg des Friedens und der Versöhnung."

Gebete und Bekenntnisse

Das erste Gebet in Gottesdiensten heißt Tagesgebet. Wie eine Überschrift macht es deutlich, was an diesem Tag im Mittelpunkt steht. Es kann so lauten:

> „Wir bringen heut ein Kind zu dir, Allmächtiger;
> öffne den Himmel weit und sende deinen Geist.
> Es braucht dein Licht auf seinem Weg,
> so leite es und zeige ihm ein Ziel.

Es braucht auch deine Hand, damit es sicher gehen kann,
so führe und stütze es, wenn nötig, trage es.
Wir geben heut ein Kind an deine Hand, Allmächtiger. Amen."

Anstelle des Gebetes oder ergänzend kann ein Psalm stehen:

Gott, unser Licht (angeregt durch Psalm 27)
„Gott ist unser Licht und unser Heil;
vor wem sollten wir uns fürchten?
Gott ist unseres Lebens Kraft; wovor sollte uns grauen?
Bei ihm sind wir sicher wie in einer Burg,
daher bringen wir unsere Kinder zu ihm
und blicken getrost in die Zukunft.
Um eines bitten wir unseren Gott, dies ist unser Herzenswunsch:
dass wir in seinem Hause wohnen alle Tage unseres Lebens,
dass er bei uns wohnt bis ans Ende aller Zeit.
Vernimm, o Gott, unser Rufen und sei uns gnädig.
Dein Angesicht wollen wir suchen,
verbirg es nicht vor uns, weise uns nicht ab;
du bist unsere Hilfe jederzeit, verlass uns nie.
Wenn auch Vater und Mutter einst ihr Kind verlassen müssen,
wenn Menschen auseinandergehen,
bleibst du da und nimmst uns auf.
Weise du uns den Weg, leite uns auf ebener Bahn.
Wir hoffen auf dich, unseren Gott,
und gehen unsere Wege getrost und unverzagt. Amen."

Herr, deine Güte (Psalmgebet/Lobpreis)
„Herr, deine Güte reicht, so weit der Himmel ist,
deine Treue, so weit die Wolken ziehen.

Wir loben dich und preisen dich.

Du hast unseren kleinen Liebling geleitet durch die Ewigkeit,
behütet im Leib der Mutter, zärtlich in die Welt geschickt.
Unter deiner schützenden Hand darf er nun weitergehen.

Deine Gerechtigkeit ist fest wie ein Berg
und deine Urteile, großer Gott, sind tief wie das Meer.
So kann unser Kind jedem Unrecht sicher entgegentreten
und falsche Urteile braucht es nicht zu fürchten.

Du, Gott, bist die Quelle des Lebens,
du bist das Licht, das Helligkeit gibt.
So dürfen wir gemeinsam glücklich sein
und auf all unseren Wegen werden wir Licht am Horizont sehen.

Wir loben dich und preisen dich."

Ein eigenes Glaubensbekenntnis kann das Apostolische Glaubensbekenntnis ergänzen:

Mein Glaube
„Ich glaube an Gott, den allmächtigen Ursprung allen Seins,
der sich um die Erde, um alles Leben und um mich und meine
Familie sorgt wie ein Vater und eine Mutter um ihr Kind.

Ich glaube an Jesus Christus,
der so vieles auf den Kopf stellt,
weil der Maßstab für ihn die Liebe ist.
So nennt er manchen Armen reich und manchen Reichen arm.
Manche alten Menschen nennt er jung
und manche Jungen sind für ihn so alt.
Manches Schöne nennt er hässlich und im Dunklen sieht er Licht,
weil sein Maßstab die Liebe ist.
Ich glaube, dass auch ich vieles im neuen Licht sehe,
wenn ich von ihm lerne, mit den Augen der Liebe zu sehen.
Diese Liebe macht mitten im Leben lebendig
und überdauert den Tod.

Ich glaube an den Heiligen Geist, die ewige Kraft Gottes,
Kraft, die solche Liebe schafft,
Kraft, die uns trägt und täglich neue Hoffnung gibt."

Glauben, hoffen, fühlen
(ein persönliches Glaubensbekenntnis)
„Ich glaube,
dass die Schöpfung einen Sinn hat,
dass eine Ordnung in allem Sein ist,
dass alles gut ist.

Ich glaube,
dass diese Welt von einer Macht gehalten wird,
die ich Gott nennen kann,
den Vater und Schöpfer, den Ursprung allen Seins.

Ich weiß,
dass nicht Äußerlichkeiten einen Menschen ausmachen,
dass es möglich ist, gegen den Strom zu schwimmen,
gegen den Hass zu lieben, gegen die Vorurteile Vertrauen zu säen,
gegen das Böse Gutes zu reden, gegen Anklagen zu entschuldigen.

Ich weiß,
dass man dies immer wieder neu lernen kann
von einen Mann namens Jesus aus Nazareth,
wahrer Mensch, wirklicher Gott, lebendig gewordene Liebe.

Ich spüre,
dass die Kraft des Schöpfers weiterhin wirkt in dieser Welt,
dass der Hauch Gottes lebendig ist,
dass wahres Leben möglich ist gegen allen Tod.

Ich spüre,
dass ich lieben kann, weil mir Liebe gegeben ist,
die alles durchzieht wie ein unsichtbarer Geist,
Geist Gottes, Heiliger Geist."

Danke, zärtlicher Gott
(Glaubensbekenntnis der Eltern)

Wenn die Eltern kirchlich getraut wurden, können sie im Eröffnungsteil ihren Dank und ihren Glauben mit folgendem Text ausdrücken. Er wird von einem Elternteil oder von beiden im Wechsel gelesen:

„Am Altar (in dieser Kirche) haben wir 'Ja' zueinander gesagt,
'Ja' als Mann und Frau.
'Ja' haben wir gesagt, wir wollen füreinander da sein,
'Ja', wir wollen treu sein in guten und in schweren Zeiten,
uns nicht verlassen, nie und nimmer.
'Ja', bedingungslos, endlos, grenzenlos.
'Ja' haben wir gesagt zu unserem Gott,
'Ja', dass er in unserem Bund dabei ist.
'Ja' hat er zu uns gesagt, zu uns als Mann und Frau.

Nun ist seine Liebe und Treue zu uns sichtbar geworden,
lebendig in unserem Kind.
'Danke!' sagen wir heute, zärtlicher Gott, über alles: 'Danke!'
Und 'Glückwunsch!' rufen wir,
'Glückwunsch', liebender Gott, das hast du gut gemacht,
deutlicher kann deine Liebe zu uns nicht werden als in diesem Kind.

Wir sind wieder da, um 'Ja' zu sagen, 'Ja' zu unserem Kind.
'Ja', wir wollen für es da sein,
treu sein in guten und in schweren Zeiten,
es nicht verlassen, nie und nimmer.
'Ja', bedingungslos, endlos, grenzenlos.
'Ja' hier am Altar, vor Gott und all den Zeugen.

Und wieder sagt er 'Ja'.
'Ja' zu uns als Familie. Wir spüren, erhoffen, ersehnen, glauben es.
'Danke', zärtlicher Gott, über alles: 'Danke!'
'Glückwunsch', liebender Gott, das hast du gut gemacht,
deutlicher kann deine Liebe zur Menschheit nicht werden
als in diesem 'Ja' zu Mutter, Vater und Kind.“

Ich bin gewiss
(Glaubensbekenntnis eines Paten/einer Patin)
„Ich möchte gern dein Pate sein. Kann ich diesen Auftrag erfüllen?
Mit manchen Schwächen nur.
Ich kenne nicht alle Geschichten der Bibel, bei Weitem nicht.
In der Kirche sieht man mich selten –
ich kann nicht versprechen, dass sich das ändern wird.

Ob ich ein gläubiger Mensch bin?
Ich kann das nicht beantworten –
in mir ist sehr viel Zweifel.

Ich möchte gern dein Pate sein.
Kann ich dir etwas mitgeben?
Von meiner Gewissheit sehr viel!

Ich bin gewiss,
dass Gottes Schöpferkraft kreativer ist
als alle menschliche Fantasie zusammen.

Ich bin gewiss,
dass Gottes Liebe stärker ist, reiner und endloser
als jede Liebe, die ein Mensch sich erträumen kann.

Ich bin gewiss,
dass Gottes Kraft auch heute noch in dieser Welt wirkt.

Ich bin gewiss,
dass der Geist Gottes Menschen so sehr in Bewegung bringen kann,
dass sie gegen alle Einfallslosigkeit immer wieder Neues schaffen,
dass sie gegen den wachsenden Hass bedingungslos lieben,
dass sie gegen die lähmende Trägheit
täglich neu lebendig werden können.

Ich möchte gern dein Pate sein. Was kann ich tun für dich?
Erzählen möchte ich dir von dieser Gewissheit,
vorleben möchte ich dir diese Hoffnung.
Ich möchte gern dein Pate sein."

Texte am Taufbecken

In vielen Gemeinden wird das Wasser bereits vor dem Gottesdienst eingegossen. Es befindet sich also schon im Taufbecken, aus dem der Geistliche es mit der Hand oder einem Schälchen schöpft. In besonderer Weise wird die Aufmerksamkeit aber auf das Wasser gelenkt, wenn es nun erst unter den Blicken der Taufgesellschaft eingeschüttet wird. Dabei kann folgender Text von einer oder mehreren Person/en gelesen werden:

„Du wirst deine Wege gehn.
Die wunderbaren und die, auf denen du dich verwundest.
Lachend wirst du sie gehen und weinend.
Vor dir liegen Wege der Freude und Wege der Traurigkeit.
Du wirst sie nie alleine gehn.
Der tröstende Gott kommt zu dir durch dieses Wasser."

(etwas Wasser eingießen)

„Du wirst deine Wege gehn.
Hoffend wirst du sie gehen und zweifelnd,
sicheren Schrittes und stolpernd.
Vor dir liegen Wege des Glücks und Wege der Verzweiflung.
Du wirst sie nie alleine gehn.
Der schützende Gott kommt zu dir durch dieses Wasser."

(etwas Wasser eingießen)

„Du wirst deine Wege gehn.
Voll Erfüllung wirst du sie gehn und voller Sehnsucht,
geborgen und manchmal ganz allein.
Vor dir liegen Wege der Partnerschaft und Wege des Abschieds.
Du wirst sie nie alleine gehn.
Der zärtliche Gott kommt zu dir durch dieses Wasser."

(etwas Wasser eingießen)

„Du wirst deine Wege gehen.
Über Höhen wirst du schweben und durch Tiefen wirst du gehen.

Durchs Licht wirst du schreiten
und durch Dunkelheiten dich tasten.
Du wirst deine Wege nie alleine gehn.
Der ermutigende Gott kommt zu dir durch dieses Wasser."

(etwas Wasser eingießen)

„Der allmächtige Gott führt dich an nichts vorbei,
aber er begleitet dich mitten hindurch wie durch dieses Wasser.
So wirst du deine Wege gehen."

(etwas Wasser eingießen)

„Dein Gott begleitet dich durch dein Leben.
So kannst du nun deine Wege gehn."

(alles Wasser wird nun aus der Kanne gegossen)

Zur folgenden Meditation ist das Wasser bereits eingegossen. Dieser
Text sollte nur von einer Person gesprochen werden. Sie muss ihn langsam und beruhigend mit Pausen sprechen. Sie sollte selbst mit am Becken stehen. Sie sollte auch selbst mitmachen, obwohl sie ihre Augen
nicht ganz schließen kann, da sie ja den Text liest:

„Wir schauen das Taufbecken an und werden ganz still.
Das Becken sehen wir und das Wasser,
in dem 'Sascha' gleich getauft wird.
Wir schließen unsere Augen.
Schließe deine Augen.
Sieh mit geschlossenen Augen auf das Taufbecken.
Stell dir nun vor, dass ein gelbes Band von deiner Stirn zum
Wasser in diesem Becken führt.
Schick das Band los, von deiner Stirn zum Taufbecken.
Ein gelbes Band von deiner Stirn zum Taufbecken.
Lass dieses gelbe Band bestehen. Lass es nicht abreißen.
Schicke nun zusätzlich ein rotes Band von deinem Herzen los.
Ein rotes Band von deinem Herzen zum Wasser.
Lass beide Bänder bestehen.

Schau sie dir mit geschlossenen Augen an.
Da ist das Band von deiner Stirn zum Wasser.
Und da ist das Band von deinem Herzen zum Wasser.
Mit geschlossenen Augen sieh dir deine Bänder an.
Da sind die Bänder. Du bist verbunden mit diesem Wasser.
Doch auch das Wasser ist verbunden mit dir.

Die Kraft Gottes, die von diesem Wasser ausgeht, ist verbunden
mit dir, mit deinem Verstand und mit deinem Herz.
Lass deine Bänder noch bestehen.
Und schau mit geschlossenen Augen auf die vielen anderen Bänder,
die zum Taufbecken führen, von den Menschen, die hier stehen.
Es sieht aus, als ob ein Netz entstanden ist.
Verbunden bist du mit dem Wasser und mit den Menschen hier
am Wasser, in dem gleich ein Kind getauft wird.
Verbunden sind wir mit diesem Kind.

Auch wenn du gleich deine Bänder zurückziehen wirst,
die Verbindung bleibt durch das Wasser; es ist das Geschenk
Gottes an uns alle. Sieh noch einmal auf deine Bänder.
Und nun zieh sie zurück zu dir, langsam, als ob du sie einrollst.
Sie sollen nicht abreißen.
Vielleicht brauchst du sie irgendwann wieder.
Zieh sie zurück.
Lass ein Band in deinem Sinn und eines in deinem Herzen,
bereit, jederzeit wieder losgeschickt zu werden.

Nun öffne deine Augen. Schau auf das Wasser.
Schau die Menschen an.
Ein Kind wird getauft im Wasser, das Gott uns allen schenkt."

Nass, das lebendig macht
„Getauft wirst du nun, Menschenkind,
getaucht in das Wasser, das Gott uns schenkt,
in das frische Nass, das dich lebendig macht,
das dich am Leben erhält, dich durchzieht, dich keimen lässt
und das dich wachsen lässt wie den Baum am frischen Wasser.

Getauft wirst du nun, damit deine Wurzeln dich halten.

Getauft wirst du nun, Menschenkind,
übergossen mit dem Geist, den Gott dir schenkt,
gesegnet mit dem kräftigen Hauch des Lebens,
der dich in die Lüfte hebt,
der dich lockt, wenn du dich nicht traust,
der dich anstößt, wenn Angst dich lähmt,
der dich trägt, wenn du müde wirst.

Getauft wirst du nun, Menschenkind,
damit deine Flügel dich tragen wie den Vogel im Wind."

Text zur Salbung oder Handauflegung (Mädchen)

„Du bist eingetaucht in das Elixier des Lebens.
Du bist herausgezogen aus den Strudeln des Schicksals.
Du bist getauft im Namen des ewigen Gottes.
So bist du eine Gesalbte.
Wie die Frauen, von denen die Bibel berichtet,
bist du berührt mit kostbarem Öl, gleich einer Königin.
Wie Ruth, die treue Ruth, wie Mirjam, die tanzende Mirjam,
wie die namenlose Frau am Jakobsbrunnen
bist du eine Gesalbte Gottes."

Text zur Salbung oder Handauflegung (Junge)

„Wie Mose einst bist du ein Gesalbter des mutmachenden Gottes.
Wie er wirst du auf deinen Wegen
manchmal an dir selber zweifeln.
Wie Abraham einst bist du ein Gesalbter des zuverlässigen Gottes.
Wie er wirst du auf deinen Wegen
manchmal an Gottes Versprechen zweifeln.
Wie Daniel einst bist du ein Gesalbter des rettenden Gottes.
Wie er wirst du manchmal in Bedrängnis kommen,
als ständest du den Löwen gegenüber.
Versagen wirst du manchmal wie Petrus einst;
in die Irre gehen wirst du wie Paulus.

Doch wohin deine Wege dich auch führen,
du bist stets gestärkt, geführt, gerettet,
getragen, geliebt, ein Gesalbter Gottes;
denn du bist getauft auf seinen Namen."

Bedenken Sie: Texte, die im Gottesdienst nicht verwendet werden können, finden im Tauferinnerungsbuch sicher einen guten Platz.

Zuspruch und Versprechen

Dass du nicht verloren gehst
(Versprechen einer Patin/eines Paten)
„Deine Patin bin ich nun.

Eine Partnerin möchte ich dir sein, wenn du dich alleine fühlst,
eine Lehrerin, wenn du Neues lernen möchtest,
eine Zuhörerin, wenn Sorgen dich plagen,
eine Ratgeberin, wenn du nicht weiterweißt.

Deine Patin bin ich nun.

Aufdrängen werde ich mich dir nicht.
Ich möchte mich von dir finden lassen, wenn du mich suchst,
möchte dich hören, wenn du mich rufst,
möchte dir beistehen, wenn du mich brauchst.

Deine Patin bin ich nun.

Diesen Auftrag übernehme ich gern,
beauftragt heute vom allmächtigen Gott,
unterstützt von ihm, der nicht möchte,
dass du je verloren gehst."

Immer soll jemand da sein
(Versprechen einer Patin/eines Paten)
„Immer soll jemand da sein,
der an dich glaubt, getauftes Menschenkind.
Ich jedenfalls werde nicht an dir zweifeln,
welche Ziele du dir auch setzt,
was immer du dir vornimmst.

Wie könnte ich anders, als vertrauensvoll an dich zu glauben,
wo doch der allmächtige Gott dir die Wege ebnet!

Immer soll jemand da sein,
der mit dir hofft, getauftes Menschenkind.
Ich jedenfalls werde dich nicht allein lassen,
was immer du erträumst,
wie unsicher die Zukunft auch sein mag.

Wie könnte ich anders, als grenzenlos mit dir zu hoffen,
wo doch der zuverlässige Gott dich fest an seiner Hand hält!

Immer soll jemand da sein,
der dich über alles liebt, getauftes Menschenkind.
Ich jedenfalls werde dich nicht aus dem Herzen verlieren,
was immer auch geschieht, welche Wege du auch gehst.

Wie könnte ich anders, als dich bedingungslos zu lieben,
wo doch der zärtliche Gott dich heute in sein Herz schließt."

Das kann ich dir versprechen!
(Versprechen einer Patin/eines Paten)
„Das verspreche ich dir gern im Angesicht Gottes
und vor all diesen Zeugen:

Wenn keiner dich tröstet,
kannst du bei mir weinen.
Wenn keiner dich trägt,
darfst du dich bei mir niederlassen.

Wenn keiner deine Lasten teilt,
nehme ich auf mich, was dir zu schwer ist.
Wenn keiner dir Mut macht,
darfst du auf mich bauen.
Wenn niemand dir Grenzen setzt,
musst du mit mir rechnen.

Das kann ich dir versprechen.
Das verspreche ich dir gern,
denn Gott und all diese Zeugen
erwarten mit Recht von mir,
dir ein guter Pate zu sein."

Er ist da!
(Zuspruch einer Patin/eines Paten)

„(Der dich beim Namen ruft, kommt in diesem Wasser zu dir.)
Wenn du am meisten jemanden brauchst, dann darfst du wissen:
Gott ist da. Er ist da, der dich beim Namen ruft.
Er ist es, der dich an der Hand hält.
Er ist es, der dich in den Arm nimmt.
Er ist es, der dich streichelt, der dich an sich drückt.
Er ist es, der dich tröstet und trägt.

Wenn du am meisten jemanden brauchst, dann darfst du wissen:
Er ist da. Er ist da, der dich beim Namen ruft.
Er ist es, der dir Mut zuspricht.
Er ist es, der dich durch tiefe Täler und über hohe Berge führt.
Er ist es, der dir Licht macht und dich doch vor der Dunkelheit
nicht verschont.

Wenn du am meisten jemanden brauchst, dann darfst du wissen:
Er ist da. Er ist da, der dich beim Namen ruft.
(Der dich beim Namen ruft, kam in diesem Wasser zu dir.)
Damit du das nicht vergisst, werde ich ein Stück deines
Lebensweges mit dir gehen. Ich werde dich erinnern,
werde es dir sagen, werde es dir zeigen, werde es dir vorleben:
Er ist da, dein Gott, der dich beim Namen ruft."

Geh deinen Weg!
(Zuspruch durch Paten oder Eltern)
„Geh nun deinen Weg!
Ich werde dich begleiten, dass du nie alleine bist.
Irgendwann wirst du dich losreißen;
irgendwann werde ich dich loslassen;
irgendwann willst du alleine weitergehen;
irgendwann werden wir uns verlassen müssen.

Unsere Zeit ist begrenzt. Alles hat seine Zeit.
Gott wird stets mit dir gehen; immer wird er dich halten;
immer wird er bei dir sein; nie musst du allein weitergehn.
Seine Zeit kennt keine Grenzen. Er ist die Zeit.

Geh nun deinen Weg! Ich werde dich begleiten!
Ich werde dir helfen, es zu glauben,
dass du nie alleine bist."

Eltern, Freunde und Engel
(Wünsche für das Kind)
I „Eltern hat man, denn Eltern braucht man.
  Eltern braucht jedes Kind.
II Das Vertrauen, das Eltern geben,
  trägt durch ein ganzes Leben.
I Eltern hast du!
  Wir danken mit dir dafür.

I Freunde muss man finden, denn Freunde braucht man.
  Freunde braucht ein jedes Kind.
II Freunde, um zu teilen das Hab und das Gut,
  die Freude und die Traurigkeit.
I Freunde wirst du finden, wir suchen mit dir danach.

I Engel bekommt man geschenkt, denn Engel braucht man.
  Engel braucht jedes Kind.
II Gott hat seinen Engeln befohlen,
  dass sie dich behüten auf all deinen Wegen.

I Engel bekommst du geschenkt.
Wir bitten mit dir darum.
II Wenn die Eltern mal versagen,
wenn die Freunde mal enttäuschen,
wenn die Engel mal verborgen bleiben,
so lass dich davon nicht abhalten zu danken, zu suchen, zu bitten;
denn Eltern hast du, Freunde wirst du finden.
Engel bekommst du geschenkt."

Meine Hoffnung
(Worte einer Mutter)

„Ich kenne dich wie niemand sonst,
denn neun Monate habe ich dich in mir getragen.
Doch da ist einer, der kennt dich noch besser,
denn du kommst aus seiner Ewigkeit.

Ich trage dich, bis du selbst laufen lernst,
ich wünsche, er trägt dich durch das Leben.
Ich halte dich, solange meine Kräfte reichen,
ich hoffe, er lässt dich nie los.

Ich werde dich begleiten, solange ich kann,
ich bete, er begleite dich bis in die Ewigkeit.
Ich gebe dich an seine Hand, ohne Eifersucht, ohne Argwohn,
nur mit Vertrauen, nur mit Hoffnung und in aller Liebe."

Wünsche und Segenstexte

So geh nun deinen Lebensweg

„So geh nun deinen Lebensweg.
Ein Engel Gottes wird stets bei dir sein.

Er wird dich wecken am frühen Morgen,
dich begleiten durch den Tag;
er geht mit dir in den Abend, lässt selbst im Schlaf dich nicht allein.
Bestaunen wird er mit dir die Wunder der Welt.

In glücklichen Zeiten wird er mit dir lachen;
auf traurigen Wegen ist er dein Trost.

Ein Engel Gottes wird stets bei dir sein.
Er freut sich über deine Erfolge,
wird dich ermuntern, wenn du mutlos bist,
dich warnen, wenn du falsche Wege gehst.
Solange du ein Kind bist, ist er ständig da.
Dann gibt er dir Raum und lässt dir Zeit.
Er ist ein Zeichen aus der Ewigkeit.

Ein Engel Gottes wird stets bei dir sein.
Er wird dich umarmen, wenn du dich allein fühlst,
dich halten, wenn du die Kraft verlierst,
dich tragen, wenn du ganz unten bist.

So geh nun deinen Lebensweg.
Ein Engel Gottes wird stets bei dir sein."

Nach einem irischen Reisesegen
„Du gehst nun deinen Lebensweg
und niemand weiß, wohin dein Weg dich führt.
Du gehst ihn als Kind Gottes.
So du bist nie allein.

Gott wird stets vor dir sein und dir den Weg zeigen.
So wirst du nicht in die Irre gehen.
Gott wird an deiner Seite sein und dich stützen.
So wirst du nicht fallen.
Gott wird hinter dir sein und dich schützen.
So wirst du gegen das Böse stark sein.
Gott wird unter dir sein und dich tragen.
So wirst du dein Ziel erreichen, selbst wenn die Kraft versiegt.
Gott wird stets über dir sein und dich segnen mit allem Guten
und für alles Gute.
Täglich wirst du seine Nähe spüren.
Denn du gehst deinen Lebensweg als Kind Gottes."

Dein Leben

„Wir wissen nicht, was dein Leben dir bringt;
doch Gott sei stets bei dir, das wünschen wir.

Er schicke dir Sonnenstrahlen am frühen Morgen
und leuchtende Sterne in tiefer Nacht.
Er gebe dir Berge, sie zu erklimmen,
und einen Engel, der dich bewacht!

Er öffne deinen Blick übers weite Meer;
sein warmer Regen tue dir gut,
er schicke auch Sturm und tosende Wogen.
Doch ein Engel mache dir Mut!

Er schenke dir das Leuchten des Regenbogens
und glückliches Wandern übers weite Land.
Er führe dich immer wieder heim und doch zu neuen Ufern
und ein Engel halte dir dabei die Hand!

Wir wissen nicht, was dein Leben dir bringt;
doch Gott sei bei stets bei dir, das wünschen wir."

Alles Gute

„Alles Gute wünschen wir dir für deinen Weg ins Leben.
Unsere Liebe geben wir dir mit,
unsere guten Gedanken, unser Lachen, Hoffen und Sehnen.

Alles Gute von uns geben wir dir gern,
und alles Gute von Gott wünschen wir dir dazu,
seinen Schutz, seine Gnade auch und seine Kraft,
seinen Trost, sein Erbarmen, seine Vergebung,
dass er dir grenzenlosen Frieden schenke,
innige Geborgenheit und seine bedingungslose Liebe.

Unsere Wünsche packen wir dir ins Gepäck;
und Gott gibt seinen Segen noch dazu.
So wird dein Weg ins Leben gelingen."

Auf den Weg geschickt
Zu diesem „Abrahamtext" bietet sich als biblische Lesung ein Abschnitt aus der Abrahamgeschichte des Alten Testaments an. Unter *Biblische Erzählungen* (S. 120) finden Sie einen passenden Text.

Du bist auf den Weg geschickt
„Wie Abraham vor vielen Tausend Jahren, so geh auch du.

Wie Abraham vor vielen Tausend Jahren
hast du nicht mehr als den Ruf deines Gottes,
nicht mehr als die göttliche Kraft, als seine kräftige Hand,
nicht mehr als eine Hand, die dich segnet,
als den Segen deines Gottes.

So geh auch du in eine Zukunft, die du nicht kennst.
Wie Abraham vor vielen Tausend Jahren
wirst du oft sehnsüchtig zum Himmel schauen,
stolpernd einen Weg suchen,
zweifelnd fragen, wo die versprochenen Engel bleiben.

So gehst du deinen Weg.
Du wirst dein Ziel erreichen.
Denn wie Abraham vor vielen Tausend Jahren
hast du nicht weniger als den reichen Segen deines Gottes."

Dein Leben wird gesegnet sein
„Als du geboren wurdest, hielt das Universum den Atem an
und Engelchöre sangen: 'Willkommen, Menschenkind!'

Heute bei deiner Taufe wendet sich der Allmächtige dir zu,
nennt dich bei deinem Namen und ruft: 'Du gehörst zu mir!'

Da die Chöre der Engel dich leiten,
wirst du nicht in die Irre gehen.
Da Gott selbst seine Hand über dich hält,
wird dein Leben gesegnet sein."

Das schenke dir Gott

In der Bibel, in 1 Korinther 13,13, steht: *Es bleiben Glaube, Hoffnung, Liebe, diese drei. Aber die Liebe ist die Größte unter ihnen.* Die bekannte Bibelstelle wird im folgenden Text entfaltet.

Gott schenke dir Glaube, Hoffnung, Liebe

„Gott schenke dir Glaube – Glaube erleuchtet,
lässt dich vieles in neuem Licht sehen.
Glaube zeigt dir den Schein, der trügt,
aber auch den Glanz im Unscheinbaren,
die Schwäche der Starken und die Stärke der Schwachen.
Gott schenke dir Glaube, der dich erleuchtet.

Gott schenke dir Hoffnung – Hoffnung beflügelt,
lässt dich weiter schauen.
Hoffnung öffnet deinen Blick über das Selbstverständliche hinaus,
über Grenzen hinweg, durch Dunkel hindurch,
bringt dich zu neuen Ufern.
Gott schenke dir Hoffnung, die dich beflügelt.

Gott schenke dir Liebe – Liebe beseelt, lässt mit dem Herzen sehen.
Liebe zeigt dir, was das Auge nicht sieht, das Ohr nicht hört,
das Denken nicht erkennt, der Verstand nie begreift.
Gott schenke dir Liebe, die dich beseelt.
Liebe brachte dich auf die Welt, sie schickt dich durchs Leben.
Von allem, was wahr ist, ist Liebe das Größte. Halte sie fest!"

Gottes Nähe

„Gottes Nähe wecke in dir Liebe.
Liebe gegen allen Hass in der Welt,
Liebe gegen alle Angst und gegen alle Einsamkeit.
Gottes Nähe wecke in dir Liebe.
Liebe gegen alle Traurigkeit und gegen alle Eifersucht,
Liebe gegen alles Misstrauen und gegen alle Ungerechtigkeit,
gegen alle Gleichgültigkeit und Fantasielosigkeit.
Gottes Nähe wecke Liebe in dir – alle Tage neu."

Ermahnungen

Die liturgische Tradition sieht vor, dass Eltern, Paten und die Gemeinde nach der Taufe ermahnt werden, ihre Verantwortung für das Kind in rechter Weise wahrzunehmen. Hier sind einige Texte, mit denen diese Ermahnung mit zeitgemäßen Worten geschehen kann.

Welche Zukunft?
„In welche Zukunft wird es gehen, dieses Menschenkind?
Wie viele Militärstiefel werden donnern?
Wie viele Heilrufe wird man grölen?
Wie viele Wände werden durch Zeichen des Hasses
verunstaltet sein?
Wie viele Jacken werden Embleme der Dummheit tragen?
Wie viel Menschenverachtung wird herrschen?

In welche Zukunft wird es gehen, dieses Menschenkind?
Wie viele Machtgebärden wird man sehen?
Wie viele Fäuste wird man erheben?
Wie viele Rausrufe werden erschallen?
Wie viel Hass wird wachsen?
Wie viel Verachtung wird man spüren?

In welche Zukunft wird es gehen, dieses Menschenkind?
Das wird daran liegen, wie sehr wir diesem Kind zeigen,
dass die Kraft, mit der Gott es begleitet,
stärker ist als alles Böse der Welt!
Es wird daran liegen, wie sehr es an uns erkennen kann,
dass Liebe mächtiger ist als aller Hass zusammen!
Es wird daran liegen, wie viel Zeit wir uns für dieses Kind
nehmen, wie viel echte Liebe wir ihm schenken!

Geh in eine gute Zukunft.
Wir sind mit dir auf dem Weg, kleines Menschenkind."

Das braucht ein Kind

„(Gott öffnet die Ohren dieses Kindes,
so öffne Gott auch eure Ohren für dieses Kind.)

Zuhörer braucht ein Kind.

Zuhörer braucht es,
wenn schwärmen will von seinen Erfolgen,
wenn es Aufschluss geben will über seine Sehnsüchte,
wenn es erzählen mag über seine Tagträume und die der Nacht,
wenn es teilnehmen lässt an seinen Freuden,
wenn es träumt von den Hoffnungen für sich und die Menschen,
die es liebt,
wenn es Einblick gewährt in seine Geheimnisse,
wenn es klagen will über seine Sorgen, die großen oder kleinen,
wenn es weint über seine Verletzungen an Körper oder Seele,
wenn es aufschreit gegen die Ungerechtigkeiten,
wenn es schweigt über seine Misserfolge.

(Gott öffnet den Mund dieses Kindes,
so öffne Gott auch eure Münder für dieses Kind.)

Erzähler braucht ein Kind.

Erzähler braucht es, die ihm berichten:
von den Freuden, die Gott schenkt,
von den Verletzungen, die er heilt,
von den Wunden, die er verbindet,
von dem Leid, das er mitträgt,
von den Sehnsüchten, die er stillt,
von den Träumen, die er erfüllt,
von seinem Aufschrei gegen Ungerechtigkeit
und davon, wie er das Böse mit Liebe besiegt.

Wirkliche Zuhörer und wahre Erzähler braucht ein Kind
in einer Welt voll tauber Ohren,
in einer Zeit des leeren Geschwätzes."

Was wird sein?
(Ein Aufruf)
„Was wird sein in der Welt dieses Menschenkindes?

Es wird viel los sein.

Hoffnungslos wird viel sein,
hilflos wird sein und heimatlos,
arbeitslos wird sein.

Los wird viel sein.

Wortlos wird zu viel sein,
ziellos wird zu viel sein,
wertlos wird zu viel sein,
obdachlos, atemlos, vaterlos, mutterlos, kindlos.
Endlos wird manche Qual sein.

Was wird sein in der Welt dieses Menschenkindes?

Wird es ein Fest sein für die, die davon leben, dass viel los ist?

Weil du Verantwortung hast für dieses Menschenkind,
verdirb immer wieder mal ein Fest.
Gib ein Wort, gib eine Hand, gib Obdach.
Sei Vater, sei Mutter, sei Kind.
Gib Wert, gib Zeit, gib Hoffnung.
Dann wird ein Fest sein.

Was wird sein in der Welt dieses Menschenkindes?

Das wird daran liegen, was wir bereit sind zu geben!"

Liebes Patenkind
(Brief einer Patin/eines Paten)

Liebe Saskia,

diesen Brief schreibe ich Dir schon jetzt, wo Du noch ein Baby bist. Er soll bei Deinen Taufunterlagen liegen. Später wird man ihn Dir vorlesen, an der jährlichen Feier Deines Tauftags vielleicht. Ich habe mir eine Kopie gemacht, damit sie mich immer wieder daran erinnert, was ich Dir heute, am Tag Deiner Taufe, verspreche.

Sicher wirst Du Dich freuen, wenn ich Dir zu besonderen Gelegenheiten ein kleines Geschenk mache, zu Weihnachten, am Geburtstag oder an Deinem Tauftag. Ich werde diese Anlässe nicht vergessen. Doch Dein Pate zu sein bedeutet für mich mehr, als Dir Geschenke zu machen. Ich möchte jemand sein, der an Dich denkt, Dich mit guten Worten und Gedanken unterstützt. Ich möchte beten für Dich. Ich möchte mich mit Dir freuen, wenn Du glücklich bist, und Dich trösten, wenn Du traurig bist. Es wird sicher Tage in Deinem Leben geben, an denen Du Dich ganz allein fühlst. Rufe mich, wenn Du mich brauchst. Wenn Menschen schlecht über Dich reden, bin ich bereit, Dich zu entschuldigen. Wenn man Dich angreift, habe ich den Mut, Dich zu verteidigen. Wenn man Böses redet, werde ich das Gute betonen. Ich werde mit Dir hoffen, mit Dir schweigen und Deine Traurigkeiten verstehen. Erinnere mich an meine Versprechen, wenn Du den Eindruck hast, dass ich Dich mal vergessen habe. Wenn Du völlig falsche Wege gehst, werde ich versuchen, bessere Möglichkeiten mit Dir zu finden. Wenn Du Dich zu sehr verrennst, werde ich versuchen, Dich zu stoppen.

Gott hat am heutigen Tauftag zugesagt, Dich bedingungslos für alle Zeit zu lieben. Das gibt auch mir die Kraft, bedingungslos auf Deiner Seite zu stehen. Menschliche Liebe ist nie so fehlerlos wie Gottes Liebe. Verzeih mir, wenn ich mal Schwächen zeige. Selbst an einem freudigen Tag wie heute darf man daran denken, dass man nicht ewig lebt. Gott wird auch mich zu sich rufen. Irgendwann werde ich nicht mehr für Dich da sein können. Dann werde ich mein Patenamt dankbar in Gottes Hand zurückgeben. Ich wünsche mir, dass wir bis dahin noch viele schöne Erlebnisse haben werden, Du und ich, jeder für sich und wir gemeinsam – als Pate und Patenkind.

Dein Pate Klaus

Biblische Erzählungen

Zur Verwendung biblischer Erzählungen im Gottesdienst beachten Sie bitte auch das Kapitel *Biblische Lesung* (S. 50).

Gott hält seine Versprechen

„Mit der folgenden Nacherzählung aus dem 1. Buch Mose blicke ich weit zurück. Diese Geschichte führt uns zu den Anfängen des Glaubens an den einen allmächtigen Gott. Wir sind Nachkommen dieses Mannes, der hier Gottes Segen empfängt. So sind auch wir gesegnet und geben Gottes Segen an unsere Kinder und Kindeskinder:

Seit seiner Geburt hatte Abraham seine Heimat niemals verlassen. Nun war er ein alter Mann geworden. Da hörte er eines Tages, wie Gott ihm zurief: 'Abraham, geh fort! Verlasse alles Vertraute, dein Vaterhaus, die Heimat, deine Verwandten und Freunde. Ich will dich segnen, und du wirst Segen in die Welt bringen durch deine Kinder und Kindeskinder. Alle Völker der Welt werden den Segen spüren. Darum geh nun, ich werde dich führen und begleiten.' So machte sich Abraham auf einen unbekannten Weg. Seine Frau Sara war bei ihm, und auch der Sohn seines Bruders, Lot, zog mit. Es war ein beschwerlicher Weg durch die Wüste. Manchmal stand Abraham des Nachts vor seinem Zelt und rief zum Himmel: 'Wo bist du, Gott, der du mich auf den Weg geschickt hast? Wohin führst du mich?' – 'Sei getrost', antwortete Gott, 'ich bin bei dir, ich werde dich nicht verlassen.' Das Land, das Abraham schließlich erreichte, war längst bewohnt. Es gab dort keinen Platz für ihn. So zog er weiter. 'Mein Gott', rief er in den Nachthimmel, 'was mutest du mir zu? Wo ist das Land, in dem ich mich niederlassen kann? Du hast mir Kinder und Enkelkinder versprochen. Doch ich habe nicht einmal einen Sohn, und wir, meine Sara und ich, sind alt.' Gott antwortete: 'Sieh die Sterne am Himmel. So viele Nachkommen, wie Sterne am Himmel stehen, will ich dir schenken, Kinder, Enkel, Urenkel, Ur-Urenkel. Und sie werden gesegnet sein.' Abraham vertraute auf die Worte Gottes – und Gott hielt seine Versprechen.“

- Ergänzend zur Abrahamgeschichte passen der Text *Du bist auf den Weg geschickt* unter *Wünsche und Segenstexte* (S. 111) sowie der Bibelvers Genesis 26,24.

Auch die folgende biblische Geschichte, die Heilung am Teich Betesda, biete ich Ihnen in einer freien Nacherzählung an. Den Text, wie er wörtlich überliefert ist, können Sie selbst in der Bibel nachschlagen. Sie finden ihn im Evangelium des Johannes im fünften Kapitel:

Wenn Gott in unser Leben tritt

„Wir Menschen leben oft Jahre, Jahrzehnte oder gar ein Leben lang mit unerfüllten Hoffnungen und Sehnsüchten. Oft warten wir vergeblich auf falsche Wunder. Die Bibelstelle von der Heilung am Teich Betesda zeigt, dass sich sogar schlagartig etwas ändern kann, wenn Gott in unser Leben tritt. Gerne geben wir deshalb heute unser Kind an Gottes Hand:

In Jerusalem, am sogenannten Schaftor, befindet sich ein Teich. Auf Hebräisch wird er Betesda genannt. Zur Zeit Jesu lag ständig eine große Anzahl von Kranken dort: Blinde, Taubstumme, Gelähmte. Eine alte Legende sagte: Immer wenn ein Engel mit seinen Fußspitzen die Oberfläche des Teiches berührt, verwandelt sich das Wasser in 'Wasser des Lebens' und derjenige wird geheilt, der als Erster im Wasser ist. – Da lagen sie nun und warteten. Sobald der Wind auch nur die kleinsten Wellen schlug, versuchten sie, das Wasser zu erreichen.

Unter diesen Kranken saß ein gelähmter Mann auf seiner Matte. Er schaffte es nie, Erster zu sein. Wie sollte er auch mit seinen unbeweglichen Beinen? Tagein, tagaus wartete er auf das Wunder. Da kam Jesus und setzte sich zu ihm. 'Ich kenne dich', sagte er, 'du sitzt seit achtunddreißig Jahren hier. Krank bist du und träumst täglich davon, am Leben teilzunehmen.' Der Kranke antwortete: 'Fremder, ich habe keinen Menschen, der mich in den Teich bringt, wenn das Wasser des Lebens sich bewegt; wenn ich aber hinkomme, so steigt ein anderer vor mir hinein.' – 'Gerne will ich dir helfen', sagte Jesus zu ihm. 'Steh auf, nimm deine Matte und geh!' Da erfüllte sich die Sehnsucht dieses Mannes. Er stand auf und ging."

Aus dem Wasser gezogen

„Ich lese eine Geschichte, die ganz vorn in der Bibel steht. Da wird ein Kind aus dem Wasser gezogen. Gott begleitet es dann ein Leben lang. Ebenso wird Gott unser Kind beschützen, das durch die Taufe ein 'ausdemwassergezogenes' Kind ist und ein Leben lang bleiben wird:

Viele Tausend Jahre ist es her, da lebte das Volk der Israeliten in Ägypten. Lange vorher hatte man diese Menschen aus der Ferne ins Land geholt. Sie halfen, die Pyramiden zu bauen. Doch der König, der Pharao von Ägypten, weiß nicht mehr, wie sehr man diese fleißigen Arbeiter gebraucht hat. Misstrauisch blickt er auf die 'Fremdlinge' in seinem Land. Er sorgt dafür, dass man sie wie Sklaven behandelt und sie die schwersten Arbeiten erledigen müssen. Schließlich bedroht er sogar das Leben aller neugeborenen Jungen. Da wird einem israelitischen Mädchen namens Mirjam ein Brüderchen geboren. Mirjam hat Angst um ihren kleinen Bruder. Werden die Soldaten des Königs ihm etwas antun? Da hat sie eine Idee, das Brüderchen zu schützen. Aus Schilfrohr flechtet sie einen Korb, beschmiert ihn mit Harz, damit er wasserdicht ist, legt das Baby hinein und setzt den Korb auf das Wasser des Nils, des großen Flusses. Wenn jemand dieses Kind findet, denkt sie, wird er es bestimmt retten, aber nicht wissen, dass es ein Fremdling ist. Auf dem Wasser schaukelt der Korb mit dem kleinen Jungen dahin.

Wie jeden Tag kommt auch heute die Tochter des Pharaos mit ihren Freundinnen an den Nil, um zu baden. Sie entdeckt den Korb und rettet den schreienden Jungen. Von Mitleid und Liebe wird sie ergriffen. Sie findet gleich einen Namen für den kleinen Schreihals: Mose. In ihrer Sprache bedeutet das: 'der Ausdemwassergezogene'. Während die Tochter des Pharao und ihre Freundinnen noch aufgeregt rufen 'Mose! Mose!', kommt wie zufällig seine Schwester Mirjam daher, die sich in der Nähe verborgen gehalten hat. 'Welch schönes Kind, das du gefunden hast, ehrwürdige Tochter des Königs!', staunt sie. 'Du möchtest sicher etwas Gutes für den Jungen tun. Doch du bist selbst zu jung, um ihn großzuziehen. Ich kenne eine israelitische Frau, die würde sich gern um den Jungen kümmern.' Mirjam holt schnell ihre eigene Mutter. 'Ich vertraue dir Mose an', sagt die Tochter des Pharao. 'Kümmere dich gut um ihn und ich werde dafür sorgen, dass ihm nichts geschieht. Ich fühle für ihn, als ob er mein eigenes Kind sei; ich habe ihn doch aus dem Wasser gezogen!'

Nun ist der kleine Mose wieder bei seiner Familie. Glücklich sind Vater, Mutter, die Schwester und die Tochter des Pharao. Jeder von ihnen hat sehr viel für das Wohl des kleinen Mose getan, doch am meisten Gott. Er hat seine Hand schützend über das Kind gehalten, das später als der 'Ausdemwassergezogene' in der ganzen Welt bekannt wird. Gott begleitet Mose durch alle Höhen und Tiefen seines Lebens. Er zieht ihn immer wieder aus allen Gefahren."

Das „Kinderevangelium", wie es im Evangelium des Markus im 10. Kapitel steht, darf bei einer Taufe nicht fehlen. Es kann direkt aus der Bibel gelesen oder z.b. so nacherzählt werden:

Jesus segnet die Kinder

„Jesus zog von Ort zu Ort, um Geschichten zu erzählen, um Menschen zu trösten und auch zu heilen. Wo er sich auch aufhielt – im Nu waren viele Menschen um ihn versammelt. So kamen eines Tages auch einige Mütter und Väter mit ihren Kindern zu ihm. Sie wollten, dass Jesus ihre Kinder berührt und ihnen segnend die Hände auflegt. Die Jünger, die Jesus begleiteten, wollten aber nicht, dass ihr 'Meister', wie sie ihn nannten, gestört würde. Sie ärgerten sich über die Kinder. Schroff schimpften sie mit den Müttern und Vätern und wollten die Kinder fortschicken. Als Jesus das sah, wurde er ärgerlich. 'Lasst die Kinder zu mir kommen, hindert sie nicht daran! Menschen wie ihnen gehört das Reich Gottes!', rief er und fügte ein energisches 'Amen' hinzu. 'Das sage ich euch', sprach er: 'Wer das Reich Gottes nicht annimmt wie ein Kind, wird nicht hineinkommen!' Dann wandte er sich den Kindern zu. Er schloss sie in seine Arme, legte die ihnen Hände auf den Kopf und segnete sie."

Geschichten

Zur Verwendung von Geschichten im Gottesdienst beachten Sie bitte, was zu diesem Thema im Kapitel *Außerbiblische Lesung* (S. 48) steht.

Das größte Geschenk

„Es wurde Zeit für mich, das Kloster wieder zu verlassen. Eine Frage durfte ich ihm noch stellen, dem Mönch, den man Chrysostomos nannte, 'Goldmund' zu Deutsch. Er trug diesen Namen nach einem Heiligen aus dem 4. Jahrhundert, dem man nachsagte, dass jedes Wort aus seinem Mund von tiefer Weisheit geprägt war. 'Das größte Geschenk, das Gott den Menschen gibt', fragte ich, 'was ist es?' – 'Wasser', sprach er. 'Wasser ist ein wunderbares Element! Oftmals habe ich tagelang nicht getrunken, nur um dann zu spüren, wie gut es tut!' Während ich noch über seine Worte sann, sprach er weiter: 'Brot, wie herrlich ist Brot! Seit Kindestagen habe ich immer wieder gefastet, um dann die Köstlichkeit des Brotes neu zu schmecken!'

Ich dankte. Ich war nur Gast auf dem Berg Athos, dem Berg der Mönche, die auf das Schönste verzichten, um es wahrhaft zu erkennen. 'Du fragst nach dem größten Geschenk?', hörte ich Chrysostomos, als ich schon zur Tür blickte. 'Ich habe deine Frage noch nicht beantwortet!' Erstaunt wandte ich mich um. 'Das größte Geschenk, das Gott einem Menschen machen kann, ist ein Kind!', sagte er mit einem Ausdruck, der keinen Zweifel offen ließ. 'In einem Kind wird Gottes Schöpfungskraft wahrhaft sichtbar und tritt seine Menschlichkeit hervor. Ein Kind ist das Geschenk, das unserem Leben Sinn gibt!'"

Kinder verändern die Welt und die Menschen

Die bekannte Geschichte vom selbstsüchtigen Riesen ist in der folgenden Fassung sehr gekürzt und verändert. Der literarische Gehalt leidet dadurch sicherlich. Aber uns kommt es hier auf die inhaltliche Aussage an, die sich sehr gut mit dem biblischen „Kinderevangelium" verbindet.

„Der englische Autor Oscar Wilde hat eine Geschichte mit dem Titel 'Der eigensüchtige Riese' geschrieben. Ich möchte euch ein Stück davon in gekürzter Fassung vorlesen. Es ist ein Märchen, doch nicht nur für Kinder. Es ist besonders eine Geschichte für Erwachsene. Vielleicht hat Wilde dabei an die Bibelstelle gedacht, wo Jesus sagt: 'Lasst die Kinder zu mir kommen, wehrt ihnen nicht, denn ihnen gehört das Reich Gottes!'

Da war ein wunderschöner Garten. Allerdings gehörte er einem Riesen. Doch zum Glück war der schon lange nicht mehr daheim gewesen. Niemand hatte ihn die letzten sieben Jahre gesehen. So konnten die Kinder im Garten spielen. Jeden Tag nach der Schule waren sie da. Aber eines Tages stand der Riese plötzlich im Garten. 'Was tut ihr hier?', brüllte er. Die Kinder flüchteten und trauten sich nicht wieder zurück. Eine Mauer baute der Riese um seinen Garten, und ein Schild stellte er auf mit der Aufschrift: 'Unbefugtes Betreten dieses Grundstückes ist bei Strafe verboten!' Er war eben ein eigensüchtiger Riese.

Es wurde Frühling. Im Garten des eigensüchtigen Riesen blieb es Winter. Einmal steckte eine schöne Blume das Blütenköpfchen aus dem Schnee; doch als sie das Schild sah, verschwand sie wieder! Es wurde Sommer. Im Garten des Riesen blieb es Winter. Es wurde Herbst. Im Garten des Riesen tobten weiterhin Hagel, Frost und Schnee. Traurig blieb der Riese nur noch in seinem Bett liegen.

Eines Morgens hörte er durch sein Fenster wunderbare Musik klingen. Es war ein kleiner Vogel, der im Garten sang. Der Riese stieg aus seinem Bett, schaute aus dem Fenster. Es war Frühling geworden. Wie das? Kinder sah er im Garten. Sie waren durch ein Loch in der Mauer hereingekrochen. Sie hatten den Frühling mitgebracht. 'Welch ein herrlicher Anblick', flüsterte der Riese gerührt. 'Jetzt weiß ich, warum der Frühling nie mehr kam.' Doch da, in einer Ecke des Gartens herrschte noch bitterkalter Winter. Der Riese sah einen traurigen Jungen, der vergeblich versuchte, auf einen Baum zu steigen. Er war zu klein und weinte. Er ging hinunter, nahm den kleinen Jungen auf seine Hand und setzte ihn auf den Baum. Im selben Augenblick begann der Baum zu blühen und die Vögel sangen. Der Junge breitete die Arme aus und küsste den Riesen. Es war Frühling geworden."

Du bist ein Leben lang verantwortlich

Ein weiteres Beispiel habe ich dem Buch „Der Kleine Prinz" entnommen (es ist erschienen im Karl Rauch Verlag, Düsseldorf). Ich erzähle dieses Kapitel frei nach, da der Originaltext mehrere Seiten umfasst. Zunächst wieder eine Einleitung.

„Vater und Mutter zu sein bedeutet, Verantwortung zu tragen. Pate und Patin zu sein bedeutet, die Eltern mit dieser Verantwortung nicht allein zu lassen. Wir alle, die wir heute hier feiern, sind mitverantwortlich für das Wohl der Kinder, die wir Gott ans Herz legen. Es gibt eine Geschichte, die in besonders schöner Weise zeigt, was es heißt, Verantwortung für einen anderen Menschen zu übernehmen. Sie steht im Buch 'Der Kleine Prinz'. Der weltbekannte französische Autor Antoine de Saint-Exupéry, der 1944 mit seinem Flugzeug in der Sahara verschollen ist, hat es geschrieben. Vielleicht kann uns diese kleine Geschichte helfen, das Geheimnis von Liebe und Verantwortung immer wieder neu zu entdecken. Ich lese eine gekürzte Nacherzählung:

Es war einmal ein kleiner Prinz auf einem fernen Planeten. Dieser Planet war sehr klein, nicht größer als unsere Kirche. Der kleine Prinz lebte dort allein. Na ja, nicht ganz allein, denn dort wuchs eine Rose, eine einzige Rose, mehr nicht. Der Prinz liebte seine Rose über alles. War sie traurig, tröstete er sie, blies der Wind gegen die Blüte, umschloss er sie mit seinen Händen, wollte eine Raupe an den Blättern nagen, stülpte er ein schützendes Glas über sie.

Eines Tages musste der Prinz seine Rose für kurze Zeit allein lassen, denn er flog zur Erde. Er landete mitten in einem Rosenfeld. Er sah die vielen Rosen und wurde traurig. 'Ich dachte, es gäbe nur eine Rose im ganzen Universum', sagte er, 'meine Rose. Ich dachte, sie sei etwas Besonderes. Doch es gibt so viele und sie sind alle gleich schön. Ich weiß gar nicht mehr, warum ich meine Rose liebe.' Da erschien ein Fuchs. 'Wer bist du?', fragte der kleine Prinz. 'Ich bin ein Fuchs', sagte der Fuchs. 'Komm, spiel mit mir', schlug der kleine Prinz vor. 'Ich kann nicht mit dir spielen', antwortete der Fuchs, 'ich bin noch nicht gezähmt. Zähmen bedeutet, sich vertraut zu machen. Noch bin ich für dich nur irgendein Fuchs, doch wenn du mich zähmst, bin ich einzigartig für dich.'

Also machte sich der kleine Prinz mit dem Fuchs vertraut. Sie blieben einige Zeit zusammen. Als die Zeit des Abschieds kam, sagte der Fuchs: 'Geh die Rosen wieder anschauen. Du wirst begreifen, dass deine die einzige ist.' Der kleine Prinz ging, die Rosen wiederzusehen. 'Ihr seid gar nicht wie meine Rose', sagte er zu ihnen. 'Ihr seid, wie mein Fuchs war. Er war nur ein Fuchs wie hunderttausend andere. Aber ich habe ihn zu meinem Freund gemacht und jetzt ist er der einzige in der Welt. Ihr seid schön, aber ihr seid leer. Meine Rose habe ich begossen. Ich habe sie unter den Glassturz gestellt, sie beschützt, sie von Raupen befreit. Ich habe sie klagen und rühmen gehört und manchmal schweigen. Das ist meine Rose.' Er kam zum Fuchs zurück. 'Nun wirst du das Geheimnis verstehen', sprach der Fuchs, 'das ich dir mitgebe. Es ist ganz einfach: Man sieht nur mit dem Herzen gut; alles Wesentliche ist für das Auge unsichtbar.' Der kleine Prinz wiederholte, um es sich zu merken: 'Alles Wesentliche ist für das Auge unsichtbar.' – 'Und noch etwas; die Menschen haben diese Wahrheit vergessen, aber du darfst nie vergessen: Du bist zeitlebens für das verantwortlich, was du dir vertraut gemacht hast. Du bist für deine Rose verantwortlich.' – 'Ich bin für meine Rose verantwortlich', wiederholte der Prinz, um es sich zu merken."

Das Licht der Welt

Dies ist die Geschichte von der Kerze, die nicht brennen wollte. Kinder haben sie mit mir in der Weihnachtszeit erfunden. In die Advents- und Weihnachtszeit passt sie besonders. Doch auch bei Tauffeiern zu anderen Jahreszeiten kann sie das Symbol Kerze verdeutlichen. Eindrücklich wirkt sie, wenn während des Lesens eine Person die Kerze in der Hand hält und jeweils vergeblich versucht, sie anzuzünden.

„Eine Kerze leuchtet heute besonders hell: die Osterkerze. An ihr wird die Taufkerze angezündet. Die Geschichte, die ich lese, hilft uns, zu verstehen, warum in unseren Kirchen Kerzen ein so wichtiges Symbol sind. Die Geschichte hat sich nicht wirklich ereignet, sie ist frei erfunden. Sie konnte aber nur erfunden werden, weil sich wirklich ereignet hat, was dieser Kerze und unserem Leben einen Sinn gibt. Hört selbst:

Der zehnjährige Kai lebte mit seiner Mutter allein. Eines Tages kam er aufgeregt von der Schule nach Hause: 'Schau, Mama, was ich auf dem Müll gefunden habe, diese schöne Kerze!'

Tatsächlich, die Kerze war groß und schön. Gleich holte die Mutter Streichhölzer, um sie anzuzünden. Sie hielt das brennende Streichholz an den Docht. Die Kerze wollte nicht brennen. Noch einmal versuchte sie es. Die Kerze brannte nicht. Wenn wir hören könnten, was die Kerze denkt: Hier soll ich brennen? Dafür bin ich mir zu schade! Das hier ist nur eine kleine Wohnung und diese Mutter und der Sohn sind ganz allein. Nein, ich spende mein Licht nur in wunderbar großen Häusern, bei großen, reichen Familien.

Die Kerze war so schön, dass die Mutter sie nicht wegwerfen mochte. Sie fragte den Pfarrer, ob er sie brauchen könnte. Der war begeistert. Er stellte die wunderbare Kerze in die Kirche. Beim nächsten Kindergottesdienst sollte sie leuchten. Er zündete sie an. Doch die Kerze wollte nicht brennen. Wenn wir sie hören könnten: Was ist das für eine kleine Kirche? Hier soll ich brennen? Eine so schöne Kerze wie ich brennt nur in einem Dom!

Der Pfarrer vermutete, dass es wohl zu zugig in seiner Kirche wäre und sich die Kerze deshalb nicht entzünden ließ. Also nahm er sie mit zu der alten Frau, die er an diesem Nachmittag besuchte. Die freute sich sehr! Gleich fand sie einen Platz für die schöne Kerze. Als es Abend wurde, griff sie zu den Streichhölzern. Ein Versuch, ein zweiter: vergeblich! Die Kerze ließ sich nicht entzünden! Wenn wir hören könnten, was die Kerze dachte: Bei einer alten Frau soll ich brennen? Sie ist ganz allein, hat Falten im Gesicht. Wenn ich hier mein Licht gebe, bin ich schließlich heruntergebrannt und war nur bei dieser alten, einsamen Frau. Ich möchte in meinem Kerzenleben etwas Bedeutendes leisten. Ich muss bei Königen brennen. So landete die Kerze schließlich auf dem kleinen Abfallhaufen neben der Kirche.

Es ist Sonntag. In der Kirche feiert man Gottesdienst. Die Kerze hört, dass von einem König gesungen wird, der die Welt rettet. Oh, denkt sie, ein König, endlich. Vielleicht nimmt der mich mit. Bei ihm brenne ich gern! Nun bekommt mein Leben einen Sinn!

Doch was hört sie da? Der König wurde in einem Stall geboren, in eine Futterkrippe gelegt? Und als erwachsener Mann hielt er sich bei den Kranken auf? Er machte keinen Bogen um die traurigen, einsamen und alten Menschen? Er nahm sich für sie Zeit? Er hatte Zeit für Kinder? Er sagte: 'Ich bin das Licht der Welt, wer mir nachfolgt, wird das ewige Leben haben!'

So liegt sie nun dort und denkt über diesen König nach bis in die späte Nacht. Es hat zu regnen begonnen. Ein alter Mann kommt des Weges, setzt sich auf die Stufen, neben denen die Kerze liegt. Vielleicht hat er kein Zuhause. Vielleicht kann er nicht schlafen, weil Sorgen ihn plagen. Da, die Kerze im schwachen Licht des Mondscheins! Schade, denkt der Mann, es ist zu nass heute Nacht. Sonst könnte ich sie anzünden, sie könnte mir Licht und Wärme geben. Er greift zu seinen Streichhölzern, obwohl er weiß, dass die Kerze hier nicht brennen kann. Er hält ein Streichholz an den Docht. Und da: Die Kerze brennt ... warm und hell wie nie zuvor."